KURZE EINFÜHRUNGEN
IN DIE GERMANISTISCHE LINGUISTIK

Band 11

Herausgegeben von
Jörg Meibauer
und
Markus Steinbach

URSULA BREDEL

Interpunktion

Zweite, durchgesehene
und aktualisierte Auflage

Universitätsverlag
WINTER
Heidelberg

Bibliografische Information der Deutschen Nationalbibliothek
Die Deutsche Nationalbibliothek verzeichnet diese Publikation
in der Deutschen Nationalbibliografie;
detaillierte bibliografische Daten sind im Internet
über *http://dnb.d-nb.de* abrufbar.

UMSCHLAGBILD

Zitat: *Der Mensch denkt: Gott lenkt.*
Bertolt Brecht: Mutter Courage und ihre Kinder.
Eine Chronik aus dem Dreißigjährigen Krieg.

ISBN 978-3-8253-4694-2

Dieses Werk einschließlich aller seiner Teile ist urheberrechtlich geschützt.
Jede Verwertung außerhalb der engen Grenzen des Urheberrechtsgesetzes
ist ohne Zustimmung des Verlages unzulässig und strafbar. Das gilt insbesondere für Vervielfältigungen, Übersetzungen, Mikroverfilmungen
und die Einspeicherung und Verarbeitung in elektronischen Systemen.

© 2020 Universitätsverlag Winter GmbH Heidelberg
Imprimé en Allemagne · Printed in Germany
Druck: Memminger MedienCentrum, 87700 Memmingen

Gedruckt auf umweltfreundlichem, chlorfrei gebleichtem
und alterungsbeständigem Papier.

Den Verlag erreichen Sie im Internet unter:
www.winter-verlag.de

www.kegli-online.de

Vorwort

„Wissenschaftlich ist es immer gefährlich, manche Dinge für Kleinigkeiten zu halten", so Wolf Peter Klein (1998:177). Wer sich aber mit ihnen, den Kleinigkeiten, zumal den orthographischen befasst, gilt schnell als „Beckmesser" (Stetter 1999:70). Einige entschuldigen sich sogar für die bei der Analyse von Kleinigkeiten anfallende „fusselig-pingelige Analyse", die „eine Zumutung für den Leser" sei (Mentrup 1983:IX).

Zwei der drei Zitate (Klein und Mentrup) stammen aus Werken, die sich mit Interpunktionszeichen befassen. Diese scheinen von Marginalisierungen in besonderer Weise betroffen zu sein, denn sie sind Kleinigkeiten in doppeltem Sinn. Zum einen ist ihre Anzahl gering: Gerade einmal 12 Zeichen stehen zur Diskussion. Zweitens sind viele von ihnen – gegenüber Buchstaben – auch körperlich winzig: <A> vs. <.>

Die vorliegende Einführung verzichtet dennoch auf „pingelig-fusselige Analysen" und zeigt stattdessen, dass es diese Kleinigkeiten in sich haben. Dies kann freilich erst entdeckt werden, wenn man sich von der Vorstellung löst, die Rekonstruktion der Interpunktion habe eine lückenlose Aufklärung aller Zeichenvorkommen in möglichst vielen Einzelfällen zu leisten, das wäre in der Tat Beckmesserei, und die Zeichen stattdessen bei ihrer Arbeit beobachtet. Die Interpunktion erweist sich dann als ein in sich geschlossenes, formal und funktional tadelloses Teilsystem der Schriftsprache, das – für Freaks – sogar eine gewisse Schönheit aufweist.

Das Buch beginnt nach einem einführenden Kapitel mit formalen Analysen und der Rekonstruktion historischer Zusammenhänge. Wer sich dem nicht stellen will, kann die Kapitel 2 und 3 zunächst überspringen und sich direkt mit den funktionalen Aspekten befassen. Und wer sich zunächst gar nicht für den theoretischen Überbau, sondern nur für einzelne Zeichen interessiert, kann hoffentlich Gewinn aus den Kapiteln zu den Einzelzeichen ziehen und wird dann eventuell zur weiteren Lektüre inspiriert.

Angeregt dazu, das Buch zu schreiben, hat mich Markus Steinbach, Mitherausgeber der Reihe KEGLI. Ihm und Jörg Meibauer danke ich für wertvolle Hinweise bei der Manuskripterstellung. Nanna Fuhrhop hat die Kommaeinheit mit Studierenden erprobt und mir wichtige Rückmeldungen gegeben. Zu hoffen bleibt, dass auch der Rest keine „Zumutung für den Leser" ist.

Hildesheim im Januar 2011

Vorwort zur 2. Auflage

Als mein Buch vor knapp 10 Jahren erschienen ist, galt die Interpunktion selbst innerhalb der Schriftlinguistik noch als ein einigermaßen exotisches Forschungsthema. Heute wundert sich niemand mehr, wenn Arbeiten zur Zeichensetzung erscheinen. Hinzugekommen sind u.a. korpusgestützte Arbeiten zur historischen Entwicklung der Interpunktion und zum aktuellen Interpunktionsgebrauch, Arbeiten zur medienabhängigen Verwendung von Interpunktionszeichen sowie solche zum Interpunktionserwerb und zur Interpunktionsdidaktik. Die aus meiner Sicht wichtigsten Entwicklungen des Forschungsfeldes werden in einem erweiterten Abschlusskapitel dargestellt.

Unter theoretischer Perspektive ist jedoch kaum etwas Neues geschehen. An Kritik herrscht dennoch kein Mangel: An der Theorie der Interpunktion, wie sie im vorliegenden Band vertreten wird, wurde u.a. der strikte Leserbezug und damit die Vernachlässigung der Schreiberperspektive, die Annahme der Monofunktionalität von Interpunktionszeichen, der strikte Strukturfunktionalismus oder die Vernachlässigung der Norm moniert. Das kann man machen. Viel besser aber wäre es, zusammen mit der Kritik einen konsistenten Theorieentwurf vorzulegen, in dem das Gesamtsystem der Interpunktion z.B. aus der Schreiber- oder aus der Normperspektive oder als polyfunktionales Aggregat widerspruchsfrei rekonstruiert wird. Solange dies nicht erfolgt ist, hängen kritische Einwände wie die genannten mehr oder weniger in der Luft.

Interessanter sind Einwände, die sich auf innere Inkonsistenzen meiner Darstellung beziehen: So erscheint manchen die graphetische Analyse etwas künstlich, manche bemängeln, dass nicht alle Fälle von Interpunktionsvorkommen untersucht werden. Einige vermissen eine empirische Ermittlung der Leseaktivitäten bei der Rezeption von Interpunktionszeichen. Die Kommaanalyse ist manchen nicht ausführlich genug. Beispiele, mit denen kleine Unterschiede zwischen Interpunktionszeichen gezeigt werden, wurden teilweise als stark konstruiert oder wenig überzeugend kritisiert.

Bei den Beispielen habe ich mich um bessere bemüht. Was die Kommaanalyse betrifft, habe ich an geeigneter Stelle auf ausführlichere Darstellungen hingewiesen.

Der Verzicht auf die Darstellung der Vielfalt von Interpunktionsvorkommen beruht auf einer Grundsatzentscheidung: Gegenstand des vorliegenden Bandes ist das System der Interpunktion, nicht ihr Gebrauch. Analoges gilt für das Lesen: Es geht nicht um das konkrete Leseverhalten, sondern um Strukturierungserfordernisse beim Lesen, die sich theoretisch, aus den Prinzipien der Sprachverarbeitung ableiten lassen.

Die graphetische Analyse ist geblieben, wie sie ist. Der Rest ist ohne sie gut zu verstehen und ich meine, das System ist zu schön, um nicht wahr zu sein.

Für hilfreiche Hinweise für die Aktualisierungen danke ich Hrvoje Hlebec, Dorothee Wielenberg und Katarina Colomo.

Hildesheim im Winter 2019

Inhaltsverzeichnis

1. Einleitung 1

2. Das Inventar 7
2.1 Welche Zeichen sind Interpunktionszeichen, welche nicht? 7
2.2 Die Entstehung des Inventars 11

3. Formeigenschaften der Interpunktionszeichen 15
3.1 Graphetik 15
3.2 Graphotaktik 19
3.3 Zusammenfassung 23

4. Die Interpunktion im Leseprozess 23
4.1 Allgemeine und spezielle Perspektiven auf den Leseprozess. 23
4.2 Scanning und Processing 24
4.3 Parsing und Schreiber-/Leserrollen 25
4.4 Zusammenfassung 30

5. Divis, Apostroph, Gedankenstrich und Auslassungspunkte ... 31
5.1 Der Divis 32
5.2 Der Apostroph 40
5.3 Der Gedankenstrich 43
5.4 Die Auslassungspunkte 46
5.5 Zusammenfassung 48

6. Kommunikative Zeichen 49
6.1 Frage- und Ausrufezeichen 49
6.2 Anführungszeichen 57
6.3 Die Klammern 61
6.4 Zusammenfassung 65

7. Syntaktische Zeichen 66
7.1 Das Komma 68
7.2 Der Punkt 78
7.3 Das Semikolon 81
7.4 Der Doppelpunkt 84

7.5 Zusammenfassung.. 89

8. Zusammenfassung und Ausblick 89

Literatur 92

Glossar 99

Sachregister 100

1. Einleitung

Wolfgang Mentrup (1983) hat die Interpunktion als „Stiefkind" der Orthographie bezeichnet. Er bezieht sich damit auf den Umstand, dass die Zeichensetzung in der für die Festlegung der deutschen Einheitsorthographie maßgeblichen orthographischen Konferenz von 1901 nicht Verhandlungsgegenstand war und deshalb auch keine Regulierung erfuhr.

Der erste Volksduden von 1901 enthält keine Ausführungen zur Interpunktion. Der Interpunktionspassus, der 1915, bei der Zusammenführung des Volksdudens und des Buchdruckerdudens unter der Überschrift „Die Satzzeichen" aufgenommen wurde und der bis zur 20. Dudenauflage von 1991, der letzten vor der Reform, im Prinzip so übernommen wurde, stammt aus dem Jahr 1876: Der Lehrer Konrad Duden hatte mangels didaktisch brauchbarer Vorlagen den „Versuch einer deutschen Interpunktionslehre" verfasst. Zusammengestellt sind dort die seiner Ansicht nach wichtigsten Regeln, die Schüler/innen Schreibentscheidungen erleichtern sollten. Dafür hatte K. Duden nach besonders griffigen Formeln gesucht, die er als Hauptregeln angab, so etwa „Der Punkt steht nach dem Aussagesatze" (K. Duden 1876:177). Von diesem Zuschnitt sind die Interpunktionsregeln bis heute geprägt: § 67 der Amtlichen Regeln in der Fassung von 2006 (künftig AR 2006) heißt: „Mit dem Punkt kennzeichnet man den Schluss eines Ganzsatzes."

Ist klar, was ein Aussagesatz (K. Duden) oder ein Ganzsatz (AR) ist, so das Kalkül, kann der Schreiber einen Punkt an dessen Ende setzen und verhält sich normkonform. Über den Zweck dieser Interpunktionskonvention ist damit natürlich noch nichts gesagt. Und die Norm muss darüber auch keine Auskunft geben. Es reicht, wenn zu interpungierende Fälle den Interpunktionszeichen zugeordnet werden. Abweichungen von den Hauptregeln sind in Ergänzungsregeln oder in Folgeparagraphen notiert. So besagt z. B. § 68 der AR (2006), dass § 67 nicht zur Anwendung kommt, wenn der Ganzsatz in einer freistehenden Zeile steht (also etwa bei Überschriften). Darüber, warum § 67 von § 68 überschrieben wird, legt die Norm keine Rechenschaft ab. Ebensowenig wird begründet, in welchem Verhältnis verschiedene Anwendungsdomänen eines Zeichens stehen: So gilt der Gedankenstrich in § 82 als Ankündigungszeichen für Unerwartetes, in § 83 als Zeichen, das einen Wechsel deutlich macht, in § 84 als Ankündigungszeichen für Nachträge oder Einschübe. Unerörtert bleibt die Beziehung zwischen Unerwartetem, Wechsel, Einschub und Nachtrag. Auch gibt die Norm keine Auskunft darüber, in welchem Verhältnis verschiedene Interpunktionszeichen zueinander stehen, wenn sie im selben Kontext auftreten: Die Austauschbarkeit von Zeichen (z. B. Klammer, Gedankenstrich und Komma bei Einschüben bestimmten Typs) gilt als (zugelassene) Schreibvariation. In Ergänzung zu § 84, in dem der Gedankenstrich als Ankündigungszeichen für Nachträge oder Einschübe beschrieben ist, heißt es schlicht: „Möglich sind auch Komma […] und Klammern […]."

All dies macht die Norm als Grundlage für die Darstellung des Interpunktionssystems ungeeignet: Die Normen geben Verhaltensanweisungen, wann wie zu schreiben ist oder wenigstens wann wie geschrieben werden kann. Sie rekonstruieren nicht das System, das diesen Verhaltensanweisungen zugrunde liegt.

In der vorliegenden Darstellung geht es um die Interpunktion als System. Ausgehend von allgemeinen Eigenschaften von Systemen bedeutet das Folgendes:

Interpunktionszeichen, also die Elemente des Systems, bilden eine von anderen Schriftzeichen abgegrenzte Klasse von Zeichen, die in definierter, nicht in willkürlicher Beziehung zueinander stehen. Das heißt: Jedes Einzelelement ist <u>eindeutig</u>, erfüllt also innerhalb des Systems eine spezifische Funktion, nicht verschiedene, wie es §§ 82–84 zum Gedankenstrich nahelegen. Die Funktion von Einzelzeichen ist außerdem <u>konsistent</u>: Ein Zeichen ist in derselben Umgebung nicht einmal da, einmal nicht da, wie es die §§ 67 und 68 nahelegen. Darüber hinaus ist die Funktion jedes Einzelelements <u>diskret</u>: Dieselbe Funktion kann nicht von unterschiedlichen Elementen übernommen werden; zwischen verschiedenen Markierungen von Einschüben (Komma, Klammer, Gedankenstrich) muss es also ebenso wie zwischen Sätzen in Texten und in freistehenden Zeilen einen angebbaren Unterschied geben.

Systeme bilden Strukturen: Strukturen beschreiben die Eigenschaften von und die Beziehungen zwischen Einzelelementen, die ein System zusammenhalten. Änderungen eines Einzelelements wirken damit auf das System als ganzes. Dieses Wissen hat sich im Rahmen von Interpunktionstheorien sowie insgesamt von Orthographietheorien bislang nicht hinreichend durchgesetzt. So schreibt Baudusch (1997:246), „daß sich die Funktionsbereiche der Satzzeichen nicht säuberlich voneinander abgrenzen lassen". Es gebe „vielfache Überschneidungen, Widersprüche und Redundanzen, zentrale und periphere Funktionsbereiche, Über- und Unterordnungen, generelle und Sonderfunktionen." (Ebd.)

Vor dem Hintergrund solcher Vorstellungen, die die Interpunktion als Aggregat, also als eine lockere Zusammenstellung von Einzelelementen, und nicht als Struktur im oben genannten Sinn versteht, ist es nur noch ein kleiner Schritt zur Auffassung, man könne einzelne Eigenschaften von einzelnen Zeichen verändern, ohne damit Einfluss auf das System als Ganzes zu nehmen. Der in diesem Zusammenhang vielleicht gravierendste Systemeingriff wurde im Rahmen der 1996 verabschiedeten Reform vorgenommen, die vorsah, das Komma bei Infinitiv- und Partizipialgruppen im Prinzip freizustellen (vgl. im Detail Kap. 7.1). Dies führt nicht nur, wie vielerorts bereits festgestellt wurde, zu Leseerschwernissen, sondern auch dazu, dass das Kommasystem – als Teilsystem der Interpunktion – insgesamt labil wird, weil nun nicht mehr konsequent alle satzwertigen Konstruktionen gekennzeichnet werden. Eine solche Änderung reißt nicht nur alle anderen Kommastellen mit sich, sondern hat vermutlich auch Auswirkungen auf die Punktsetzung, auf die Setzung des Semikolons und auf die des Doppelpunkts, also die nächsten Verwandten des Kommas, und in einem nächsten Schritt möglicherweise auf die Interpunktion als Ganzer.

Der Vorstellung der Interpunktion als Aggregat statt als Struktur liegen auch viele historische Analysen sowie viele Analysen von Lernerdaten zugrunde: Dort, wo (historische oder lernerseitige) Interpunktionsmarkierungen von der uns bekannten Norm abweichen, wird Zufälligkeit und Inkonsistenz angenommen, also in gewisser Hinsicht ein Aggregat zweiter Stufe. Demgegenüber wird hier die Auffassung vertreten, dass jede historische Interpungierung und jede lernerseitige Interpungierung als Systeme mit eigenen Gesetzmäßigkeiten beschrieben werden können. Die Rekonstruktion historischer und individueller Entwicklungen ist daher nicht von der aktuellen Norm aus zu bestimmen, sondern in der je eigenen Systemhaftigkeit zu rekonstruieren. Das gilt nicht nur für die Interpunktion, sondern für die gesamte Orthographie.

Fragen nach der Geschichte und nach dem Erwerb der Interpunktion kann die vorliegende Darstellung jedoch nur in einigen wenigen Punkten nachgehen. Denn darüber, wie die Produktion und wie die Rezeption von Interpunktionszeichen gelernt wird, liegt nur äußerst lückenhaftes Wissen vor.

Voraussetzung für die Ermittlung von Erwerbsfolgen, die dann auch zu einer begründeten curricularen Ordnung führen könnte, ist eine Rekonstruktion des Systems, die hier in Anlehnung an Bredel (2008) zu leisten versucht wird.

Die wichtigste Voraussetzung für die Rekonstruktion eines Systems ist die Bestimmung der Elemente, die zu ihm gehören. Gehört der Bindestrich zum Interpunktionssystem? Oder sollte man die Wortzeichen gar nicht erfassen? Und was ist mit den Auslassungspunkten? Was mit dem Schrägstrich? Die Definition des **Inventars** steht am Anfang der Darstellung; dort wird auch die historische Entstehung des aktuellen Inventars skizziert.

Im zweiten Kapitel geht es um die formalen Eigenschaften von Interpunktionszeichen, um die Graphetik und die Graphotatktik.

Die **Graphetik** beschreibt die innere Form der Interpunktionszeichen. Gefragt wird danach, aus welchen Elementen ein Zeichen besteht und wie sie kombiniert sind. So besteht der Punkt aus einem, der Doppelpunkt aus zwei, vertikal angeordneten, die Auslassungspunkte aus drei, horizontal angeordneten Punkten. Beschreibungen wie diese, die auf den ersten Blick reine Spielerei zu sein scheinen, führen nicht nur zur Ermittlung von Bauprinzipien, die zeigen, warum sich im historischen Prozess bestimmte Zeichen durchsetzen konnten (z. B. <!> oder <:>), andere nicht (z. B. <÷> oder <∴>, vgl. Parkes 1993). Wichtiger für die vorliegende Darstellung aber wird die Ermittlung von **graphetischen Merkmalklassen** sein, die, wie ab Kap. 4 gezeigt werden kann, auch funktional von Bedeutung sind.

Die **Graphotaktik** beschreibt die Position eines Interpunktionszeichens in der Zeile. In Kap. 3.2 werden Gesetzmäßigkeiten beschrieben, nach denen bestimmt werden kann, welche Vorgänger- und welche Folgeeinheiten ein Interpunktionszeichen zulässt. Neben der Frage, warum z. B. vor dem Komma ein graphisches Zeichen (z. B. ein Buchstabe), nach dem Komma aber ein Leerzeichen steht, geht es auch darum zu klären, warum manche Zeichen iteriert werden können <!!!!>, manche nicht *<;;;>, oder warum Fragezeichen und Abführungszeichen in Folge auftreten können <?">, Punkt und Komma aber nicht *<.,>. Auch dieser Analyseschritt wirkt nur auf den ersten Blick wie Spielerei: Tatsächlich entstehen funktional motivierte **graphotaktische Merkmalklassen**.

Aus der Kombination der graphetischen mit den graphotaktischen Merkmalklassen ergibt sich das formale Gesamtsystem, das die Grundlage für die Arbeit an der **Funktion** der Interpunktionszeichen bereitstellt. Ab Kap. 4 wird es um die Frage gehen, in welchen sprachlichen Kontexten Interpunktionszeichen stehen und was sie dort jeweils leisten.

Dabei muss eine Systemrekonstruktion auch mit der Frage zurechtkommen, warum an bestimmten Stellen wahlweise ein Komma oder ein Punkt oder auch ein Semikolon stehen kann oder warum ein Einschub manchmal vom Gedankenstrich, manchmal von der Klammer und manchmal vom Komma markiert wird (vgl. dazu auch Wielenberg i.E.).

Die Norm schweigt dazu. Erforderlich für die Beantwortung dieser Fragen ist deshalb nicht einfach mehr von dem Wissen, das im Duden steht, sondern eine ganz andere Sorte Wissen. Denn „[d]er Teufel" um Stetter (1991:54) zu zitieren, „steckt nicht im Detail, sondern im Verfahren."

In der vorliegenden Darstellung wird die Interpunktion nicht von den Konstruktionen aus beschrieben, die sie kennzeichnet, sondern von der Sprachverarbeitungstätigkeit aus, zu der sie den Leser instruiert.

Im Unterschied zu einer konstruktionsbasierten Herangehensweise, die hier **Offline-Perspektive** genannt wird und die durchaus als klassisch zu gelten hat, wird hier eine also sprachverarbeitungsbasierte Herangehensweise gewählt, die als **Online-Perspektive** bezeichnet wird.

Der Offline-Ansatz schreibt Interpunktionszeichen Konstruktionen zu, die sie kennzeichnen, verfährt also nach folgendem Muster: x kennzeichnet ein y – mit x als Interpunktionszeichen und y als Konstruktion (Beispiel: Der Punkt kennzeichnet einen Satz).

Der Online-Ansatz weist den Zeichen einen Sprachverarbeitungswert zu, verfährt also nach folgendem Muster: x instruiert den Leser, y zu tun – mit x für das Zeichen und y für die Sprachverarbeitungsaufgabe. (Beispiel: Der Punkt instruiert den Leser, die syntaktische Sprachverarbeitung abzuschließen, d. h. Vorgänger- und Folgematerial nicht syntaktisch miteinander zu verrechnen).

Was auf den ersten Blick einfach nur umständlich klingt, wird schon dann attraktiv, wenn man sich die Probleme vergegenwärtigt, die die Definition des Satzes mit sich bringt (Müller 1985). Nicht zufällig schwanken die Offline-Beschreibungen zwischen „Aussagesatz", „Satz" und „Ganzsatz". Der Vorteil des Online-Ansatzes zeigt sich aber auch mit Blick auf die folgenden Daten:

Max liest	Bücher kann er nie genug bekommen (a)
Max liest	Bücher (b)
Max liest	bis ihm die Augen zufallen (c)

Die Konstruktion *Max liest* könnte durchaus ein „Ganzsatz"/„Satz"/„Aussagesatz" sein und erhielte dann einen Punkt. In (a) ist das möglich, in (b) und (c) nicht. In (b) darf nach *liest* überhaupt kein syntaktisches Interpunktionszeichen stehen, in (c) ist das Komma verlangt.

An solchen Beispielen wird deutlich, dass die Entscheidung darüber, ob ein Punkt gesetzt wird oder nicht, nicht so sehr davon abhängt, was *vor* dem Punkt steht, sondern wesentlich davon, was *nach* dem Punkt steht: Denn wenn der Punkt überhaupt Aussagen über Konstruktionseigenschaften macht, dann definiert er die Folgekonstruktion als syntaktisch nicht mit der Vorgängerkonstruktion verrechenbar und somit als syntaktisch gegenüber der Vorgängerkonstruktion autonom. Diese Information hilft nicht dem Schreiber, sondern dem Leser, der im Leseprozess an jeder Stelle einer linear gegebenen Wortfolge wissen muss, wie er bei der Verknüpfung der Folgeeinheit verfahren muss.

Ab Kapitel 5 wird für jedes Zeichen ein eigener Instruktionswert in diesem Sinne rekonstruiert. Selbstverständlich werden dort auch Erkenntnisse zusammengetragen, wie im Rahmen von Offline-Theorien entwickelt wurden. Leitend wird aber die Beobachtung der Zeichen in Relation zur Sprachverarbeitung sein.

Deshalb werden in Kap. 4 zunächst wichtige Teilprozesse des Lesens skizziert. Auf dieser Grundlage kann rekonstruiert werden, was Interpunktionszeichen überhaupt leisten können und müssen.

In Kap. 8 geht es neben einer Zusammenfassung vor allem um hier nicht erwähnte und um einige noch unbearbeitete Forschungsfelder.

Aufgaben 1:
a) In der 9. Dudenauflage von 1915 (XXXVII) heißt es: „Die Satzzeichen geben dem Leser an, wo er eine Pause zu machen, wo er die Stimme sinken zu lassen oder zu heben hat. Ferner sind sie für das Auge des Lesers ein Hilfsmittel, um die Gliederung des Satzes leicht zu überblicken." Die Regel für den Punkt liest sich dann wie folgt: „Der Punkt steht nach dem Aussagesatze." (XXXVIII) Versuchen Sie auf dieser Grundlage den Satzbegriff des Duden von 1915 zu ermitteln.
b) Heynatz (1782, zit. nach Höchli 1981: 229), der den Punkt als Markierung zur Schließung des Verstandes identifiziert, meint: „Wer nicht beurtheilen kann, wo der Verstand aus ist, und ein neuer anfängt, dem ist weiter nicht zu helfen. Alles, was man für ihn thun kann, ist, daß man ihm einige Beispiele giebt." Sehen Sie nach, wie die Amtlichen Regeln mit dem Problem der Satzdefinition (dort Ganzsatz) umgehen.

Grundbegriffe: Graphetik, Graphotaktik, Online, Offline, System, Norm, Struktur, Aggregat

Weiterführende Literatur: Baudusch (2000), Behrens (1989), Bredel (2008), Gallmann (1985), Mentrup (1983)

2. Das Inventar

2.1 Welche Zeichen sind Interpunktionszeichen, welche nicht?

Auf den ersten, unbefangenen Blick scheint klar zu sein, welche Schriftzeichen Interpunktionszeichen sind und welche nicht. Kriterien dafür zu finden, warum etwa der Schrägstrich </> nicht zu den Interpunktionszeichen zählt, der Gedankenstrich <–> aber schon, ist schon schwieriger. Die meisten Interpunktionstheorien verzichten auf explizite Kriterien und setzen bei der Festlegung des Inventars auf die Intuition.

Ein anderer Weg besteht darin, die segmentalen Mittel der Schrift und damit auch die Interpunktionszeichen auf der Grundlage angebbarer Kriterien schriftlichen Teilsystemen zuzuordnen.

Lässt man die diakritischen Zeichen beiseite, also Zeichen an Zeichen (z. B. der tschechische Háček <č> oder das Trema im Deutschen <ä>, <ö>, <ü>), lassen sich die folgenden Mittel unterscheiden:

Buchstaben	<d> <v> <e>
Ziffern	<1> <5> <8>
Sonderzeichen	<%> </> <§>
Interpunktionszeichen	<!> <:> <->
Leerzeichen	< >

Tabelle 1: Segmentale Mittel der Schrift

Der semiotisch bedeutsamste Unterschied besteht zwischen Buchstaben, Ziffern und Sonderzeichen einerseits und Interpunktionszeichen und Leerzeichen andererseits.

Sie unterscheiden sich durch **Verbalisierbarkeit**: Die Zeichen der ersten Gruppe sind verbalisierbar. Buchstaben, Ziffern und Sonderzeichen werden beim Lesen mit (konventionalisiert zugeordneten) Lautgesten verknüpft. Das bedeutet auch, dass diese Zeichen für Entitäten stehen, die nicht der Schrift angehören (z. B. für Laute, für Silben, für Zahlen, für Wörter oder bestimmte Kategorien).

Die Zeichen der zweiten Gruppe sind nicht verbalisierbar: Interpunktionszeichen und Leerzeichen werden nicht mit Lautgesten verknüpft, sondern vom Leser in irgendeiner anderen Weise „verrechnet". Sie verweisen nicht auf Entitäten außerhalb der Schrift, sondern dienen der Strukturierung schriftlicher Einheiten selbst bzw. ihrer Verarbeitung.

Ähnlich also wie man in der Grammatik einen Unterschied macht zwischen Inhaltswörtern (Adjektive, Substantive, Verben) und Funktionswörtern (z. B. Konjunktionen, Präpositionen), könnte man in der Schrifttheorie auf dieser Grundlage einen Unterschied machen zwischen Inhaltssegmenten (Buchstaben, Ziffern, Sonderzeichen) und Funktionssegmenten (Interpunktionszeichen und Leerzeichen). Die Inhaltssegmente leisten eine paradigmatische Abbildung sprachlicher oder sonstiger Einheiten, die Funktionssegmente dienen der syntagmatischen Verknüpfung dieser Einheiten.

Um die Mittel der Schrift auch gruppenintern weiter zu differenzieren, werden weitere Kriterien benötigt:

In der Gruppe der Verbalisierbaren, also der Inhaltssegmente, muss ein Unterschied zwischen Buchstaben, Ziffern und Sonderzeichen gemacht werden. Ein erstes Kriterium dafür liefert die **Kombinierbarkeit**: Buchstaben und Ziffern können miteinander kombinieren, Sonderzeichen können das nicht. Das Ergebnis der Kombination von Buchstaben und Ziffern sind Einheiten, die nicht mit ihnen identisch sind. Wir sprechen mit Martinet (1960) von der „doppelten Gliederung": Aus elementaren Einheiten werden hierarchiehöhere Einheiten gebildet. Buchstabenfolgen bilden Silben, Morpheme oder Wörter, Ziffernfolgen bilden Zahlen. Ein Kriterium zur Unterscheidung zwischen Ziffern und Buchstaben liefern die paradigmatische **Zweielementigkeit**: Jeder Buchstabe weist zwei Formen auf, einen Groß- und einen Kleinbuchstaben, Ziffern kommen nur in einer Ausprägung vor. Buchstaben bilden somit zweielementige Paradigmen (z. B. <A, a>, <Z, z>). Seit 2017 gibt es in der amtlichen deutschen Rechtschreibung sogar ein großes <ß>. Ziffernparadigmen sind demgegenüber einelementig (<1>, <4> etc.).

In der Gruppe der Nicht-Verbalisierbaren, also der Funktionssegmente, muss ein Unterschied zwischen Interpunktionszeichen und Leerzeichen gefunden werden, will man es nicht, wie z. B. Jones (1995) es vorsieht, bei einer großen Klassenbildung belassen und Leerzeichen als einen Typ von Interpunktionszeichen werten. Hier hilft das Kriterium der **Darstellbarkeit**: Während Interpunktionszeichen auch ohne Kontext visuell repräsentiert werden können, benötigen Leerzeichen (Worttrenner, Absatz) eine graphische Umgebung, in der sie als Zeichen wahrnehmbar werden.

Die genannten Kriterien stehen in einer implikativen Beziehung zueinander: Ein Zeichen, das ohne graphischen Kontext nicht darstellbar ist, ist auch in Bezug auf alle anderen Merkmale negativ spezifiziert: Nicht-Darstellbarkeit impliziert demnach Nicht-Verbalisierbarkeit, Nicht-Kombinierbarkeit und Nicht-Zweielementigkeit (also Einelementigkeit). Umgekehrt impliziert Zweielementigkeit eine positive Spezifizierung aller anderen Merkmale:

	Buchstaben	Ziffern	Sonderz.	IP-Zeichen	Leerzeichen
darstellbar	+	+	+	+	–
verbalisierbar	+	+	+	–	–
kombinierbar	+	+	–	–	–
zweielementig	+	–	–	–	–

Tabelle 2: Merkmale segmentaler Mittel

Ein erstes Ergebnis dieser Analyse ist, dass die Interpunktionszeichen nun definiert werden können als darstellbare, nicht-verbalisierbare, nicht-kombinierbare, einelementige Segmente der Schrift. Auf der Basis dieser Definition ergibt sich ein Inventar aus 12 Zeichen:

< . ; , : - – ... ' ? ! ( ) „ ">

Der kleine querliegende Strich <->, der in traditionellen Interpunktionslehren als Trennstrich, als Bindestrich oder als Ergänzungsstrich bezeichnet wird, wird hier in Anlehnung an die Typographie *Divis* genannt. In Kap. 5.1 wird sich zeigen, dass auch funktional nicht von drei, sondern von *einem* Zeichen ausgegangen werden muss. Für alle anderen Zeichen bleiben wir bei den herkömmlichen Bezeichnungen.

Auf der Basis dieser Bestimmung ist auch zu sehen, warum der Schrägstrich kein Interpunktionszeichen ist: Er ist verbalisierbar und weil er zugleich nicht kombinierbar ist, ein Sonderzeichen:

(1) geschrieben: Schüler/innen – gesprochen: Schüler und Schülerinnen

Dabei gilt: Um von Verbalisierbarkeit zu sprechen, genügt es, dass wir einen Kontext finden, für den dieses Merkmal zutrifft. Das heißt auch, dass dieses Zeichen nicht überall verbalisierbar sein muss (vgl. z. B. *Bündnis90/Die Grünen*), um verbalisierbar als Kategorienmerkmal zu vergeben.

Eine bislang ungeklärte Frage ist, ob man beim Komma oder beim Gedankenstrich eine einfache und eine paarige Variante zum Inventar zählen sollte, wie es z. B. Baudusch (1981) oder Maas (2000) vorsehen. Gemeint sind Fälle wie die folgenden:

(2)   Komma   Gedankenstrich
einfach Käse, Gemüse und Fisch   Er hatte sie – verraten.
paarig Käse, der lagert, stinkt.   Er hatte – sie wusste es – getrunken.

In der vorliegenden Darstellung wird davon ausgegangen, dass es sich nicht um verschiedene Kommas oder Gedankenstriche, sondern um verschiedene Gebrauchsvarianten von Komma und Gedankenstrich handelt. Der Versuch der Inventarisierung eines einfachen und eines paarigen Kommas (eines paarigen Gedankenstrichs) beruht auf einer Verwechslung von Kategorie (Komma; Gedankenstrich) und dem Gebrauch einer Kategorie (einfach/paarig).

Um von **Paarigkeit** als Kategorienmerkmal sprechen zu können, müssen invariante, das heißt gebrauchsunabhängige Kriterien vorliegen. Das sind: (a) obligatorische Paarigkeit und (b) ein graphetischer und/oder graphotaktischer Unterschied zwischen Initial- und Finalelement. Erfüllt werden diese Kriterien von den Klammern und den Anführungszeichen, den einzigen paarigen Zeichen im deutschen Interpunktionssystem:
(ad a): Geöffnete Klammerausdrücke und geöffnete Anführungsausdrücke müssen geschlossen werden; das finale Element paarig gebrauchter Kommas/Gedankenstriche wird, wenn es mit einem syntaktischen Rand zusammenfällt, nicht realisiert (Beispiele hier nur für die Klammer und den Gedankenstrich angegeben):

(3) Er war – sie wusste es – betrunken.   *Er war betrunken – sie wusste es –.
     Er war (sie wusste es) betrunken.   *Er war betrunken (sie wusste es.

(ad b): Die öffnende Klammer ist nach rechts gebogen, die schließende nach links <( )>. Die Anführungszeichen sind für gewöhnlich nach links gebogene auf der Grundlinie liegende Striche, die Abführungszeichen nach rechts gebogene auf der Oberlinie <„">. Das jeweilige Initialelement von Klammern und Anführungszeichen steht in unmittelbarem Kontakt zum Segment rechts von ihm, das schließende zum Segment links von ihm.

Komma und Gedankenstrich weisen unabhängig davon, ob es sich um ein Initial- oder um ein Finalelement handelt, stets dieselbe Form und dieselbe graphotaktische Position auf, erfüllen also keine unserer Bedingungen.

Sieht man einen Augenblick über das Deutsche hinaus, gibt es neben den Klammern und den Anführungszeichen zwei weitere Kandidaten, die das Kriterium der Paarigkeit erfüllen: Im Spanischen stehen Frage- und Ausrufezeichen mit jeweils eigener Form konstruktionsinitial und -final:

(4) ¡Hola!
　　¿Cómo?

In Kapitel 6 wird sich zeigen, dass Klammern, Anführungszeichen, Fragezeichen und Ausrufezeichen noch mehr Gemeinsamkeiten aufweisen. Sie werden dort zur großen Klasse der Kommunikativen Zeichen zusammengefasst.

2.2 Die Entstehung des Inventars

In der Entwicklung der Alphabetschriften können sehr grob zwei Systemtypen unterschieden werden: Systeme ohne Leerzeichen (**scriptio continua**) und Systeme mit Leerzeichen (**scriptio discontinua**). Der erste Typ, die scriptio continua, ist kennzeichnend für Schriftsysteme bis etwa um 500 n. u. Z. Danach entwickeln sich durch verschiedene Übergangssysteme hindurch, die Saenger (1997) **areated writing** nennt (*area* = Raum, Fläche), Systeme, die den Leerraum systematisch als Worttrenner nutzen. Diese Entwicklung ist im 12. Jh. n. u. Z. weitgehend abgeschlossen (Parkes 1993).

Die Interpunktion ist in den verschiedenen Systemen unterschiedlich ausgeprägt: In scriptio continua-Systemen gibt es meistens keine Interpunktionszeichen. Markierungen von Wort- und Phrasengrenzen wurden von Lesern oft nachträglich vorgenommen (Saenger 1997). Scriptio discontinua-Systeme weisen demgegenüber regelhaft Interpunktionszeichen auf. Das heißt aber nicht, dass die historisch verwendeten Zeichen bereits denen des modernen Inventars entsprechen. Vielmehr wird durch die Phase des areated writing hindurch und dann verstärkt ab dem 11./12. Jh. mit unterschiedlichen Zeichenformen und unterschiedlichen Zeichenfunktionen experimentiert. Diese Experimentierphase ist mit dem Ende des 18. Jh.s praktisch abgeschlossen. Seit dieser Zeit ist im deutschen Schriftsystem kein Zeichen mehr verschwunden, kein neues hinzugekommen und nur eines von ihnen hat zu dieser Zeit noch nicht seine Form gefunden: Die Auslassungspunkte werden entweder als schräge oder gerade Striche oder als Punkte auf der Mittellinie oder als Punkte auf der Grundlinie gesetzt (vgl. dazu auch Bredel 2007). Zu verzeichnen sind einige kleinere Funktionsverschiebungen, so z. B. beim Punkt, der bis in die Mitte des 20. Jh.s nach Überschriften stand, seit dieser Zeit nicht mehr. Sieht man von Systemeingriffen von außen (Reform) ab, handelt es sich jedoch lediglich um Feinjustierungen eines in sich stabilen Systems.

Zur Klärung der Frage, warum scriptio continua-Systeme in der Regel interpunktionslos sind, scriptio discontinua-Systeme demgegenüber Interpunktionszeichen aufweisen, ist eine Rekonstruktion der Lesetätigkeiten erforderlich, die die beiden Systeme aktivieren: BEIMLESENVONTEXTENINSCRIPTIOCONTINUAALSOINDERKONTINUIERLICHENSCHREIBWEISEMUSSTENDIEBUCHSTABENNOCHEINZELNAUFGELESENWERDEN (Beim Lesen von Texten in scriptio continua, also in der kontinuierlichen Schreibweise, müssen die Buchstaben einzeln „aufgelesen" werden), um sie dann zu Silben und schließlich zu Wörtern, Sätzen und Texteinheiten zusammensetzen zu können. Dies geschieht in der Regel laut: Die Stimme liefert dem Auge eine zusätzliche Gedächtnisstütze. Durch die Mitartikulation wird das schon Gelesene bis zu seiner vollständigen Auswertung im auditiven Arbeitsgedächtnis gespeichert und kann dann zu einer Einheit (Silbe, Morphem, Wort, Satz) zusammengefügt werden. Der Leseprozess zerfällt beim Lesen von scriptio continua-Texten in zwei Teilprozesse: die **lectio** und die **narratio**. „For ancients, lectio, the synthetic combination of letters to form syllables and syllables to form words, of necessity preceded narratio, that is, the comprehension of a text." (Saenger 1997:9).

Die Erfindung des Wortzwischenraums stellt in lesepsychologischer Hinsicht eine Revolution dar. Das Auge übernimmt die Herrschaft über das Wort, das, weil es durch einen optisch sichtbaren Zwischenraum vom nächsten separiert ist, in einem „Augenblick" erfassbar ist. Die Stimme wird für weitere Prozesse freigesetzt. Durch Bewegungen des Vokalisationstraktes, eine Art von Muskeltonus, der als subvokalisatorischer Reflex spürbar ist, begleitet sie das Erfassen von Wortgruppen und Sätzen.

Die Arbeitsteilung von Auge und Stimme, die durch die scriptio discontinua möglich wird, hatte einen Turboeffekt auf das Lesen: lectio und narratio mussten nicht mehr nacheinander, sondern konnten gleichzeitig vollzogen werden. Das leise Lesen wurde zum Normalfall.

Mit den neu gewonnenen Möglichkeiten wurden neue Erfordernisse einer Durchgliederung von Texten, das systematische Erfassen auch größerer Einheiten während des Lesens erkannt. Parkes (1993) identifiziert nach der vollständigen Durchsetzung der scriptio discontinua im 11./12. Jh. jedoch zunächst einen dramatischen Rückgang der bis dahin erprobten Interpunktionszeichen, wie sie in continua- und in areated-Systemen als Lesehilfen eingefügt worden waren. Dieser Einbruch sowohl in der Quantität (es wurden weniger

Interpunktionszeichen gesetzt) als auch in der Qualität (es wurden weniger verschiedene Interpunktionszeichen gesetzt) liefert einen deutlichen Hinweis darauf, dass sich die gesamte Idee der Textgliederung zu dieser Zeit im Umbruch befindet: Die bis dahin gebrauchten Zeichen hatten im Kontext der Exploration des Wortzwischenraums gestanden, waren mit der vollständigen Durchsetzung der visuellen Worttrennung und der damit verknüpften neuen Lesepraxis partiell unbrauchbar geworden. Einige der bis dahin gebrauchten Zeichen verschwanden ganz, andere wurden umgenutzt. Zur ersten Gruppe gehören z. B. der Leminiscus <÷>, „eine liegende Virgel zwischen zwei Punkten, die dort eingesetzt wird, wo Interpreten die heilige Schrift dem Sinn nach, aber mit abweichenden Ausdrücken übertrugen" (aus dem Lat. übersetzt von Klein 1998:179, Anm. 4) oder die positurae (z. B. <·,·> oder <.;.>), die genutzt worden waren, um Textabschnitte zu kennzeichnen (Parkes 1993). Zur zweiten Gruppe, also den Zeichen, die erhalten und umgenutzt wurden, gehört u. a. der Punkt: Er war in der Phase der scriptio continua in der Regel zur Markierung von Wortgrenzen, aber auch zur (nachträglichen) Markierung größerer Einheiten genutzt worden. Eine dritte Gruppe bilden neue Zeichen. So finden wir in den ersten Buchdrucken die Virgel </>, die eine ähnliche Funktion wie das heutige Komma übernimmt. Sie wird zu Beginn des 18. Jh.s auch optisch gekürzt und passt so in die Gruppe der Zeichen <. , : ; >, die später syntaxsteuernde Funktion übernehmen. Weil die syntaxsteuernden Zeichen nicht über die Mittellinie hinausweisen, bezeichnen wir sie hier vorläufig als „kleine" Zeichen.

Angereichert wird das neue System mit „großen" Zeichen, also solchen, die über die Mittellinie hinausweisen <! ? ( ) "">. Einige von ihnen sind schon vorher in Gebrauch. Systematisiert werden sie aber erst im 18. Jh.

Die echten Spätzünder des Systems sind der Gedankenstrich und die zu Beginn ihres Auftretens in der Oberlinie verankerten Auslassungspunkte. Sie wurden im 18. Jh. eingeführt und markierten zunächst Abbrüche und Umstrukturierungen in der Figurenrede. Damit wurden erstmals Unterschiede zwischen gesprochenen und geschriebenen Äußerungen sichtbar gemacht (vgl. Parkes 1993:93).

Gedankenstrich und die frühen Auslassungspunkte bilden zusammen mit dem Divis und dem Apostroph die Gruppe der „schwebenden" Zeichen, also Zeichen ohne Grundlinienkontakt <- ' - '''>.

Nun darf man sich die Entwicklung jedoch nicht so vorstellen, dass die Zeichen des modernen Systems jeweils gleich von Beginn ihres Auftretens an von allen Schreibern und in derselben Funktion genutzt wurden und von allen Lesern in derselben Weise gedeutet werden konnten. Die heute inventarisierten und standardisierten 12 Interpunktionszeichen, die „kleinen" <. , ; :>, die „großen" <? ! ( ) „"> und die „schwebenden" <- – ' …>, sind vielmehr eingebunden in die schrifthistorisch entscheidende Experimentierphase zwischen 1100 und 1800, innerhalb derer verschiedene „Hausinterpunktionen" nebeneinander existierten, die seit Erfindung des Buchdrucks verstärkt in Konkurrenz zueinander traten: Der Entwicklungsmotor ist seit der „Demotisierung der Schrift" (Raible 1991), also einer zunehmenden literalen Durchdringung der Gesellschaft (*demos*, gr. Volk), zunächst nichts anderes ein Zusammenspiel von Angebot und Nachfrage. Gekauft wurde, was am besten lesbar war. Orthographietheoretiker und Schriftnormierer äußerten sich jeweils nachträglich zu bereits vollzogenen Veränderungen. Ihre Empfehlungen oder Warnungen wurden vom Markt jedoch weitgehend ignoriert (Bergmann & Nerius 1997). Geschrieben wurde nach Maßgabe des Marktes – nicht nach Maßgabe der Sprachpfleger oder der Grammatiker.

Ihre präskriptive (also vorschreibende) Kraft gewannen die Rekonstruktionsversuche erst dort, wo die Interpunktion Gegenstand von Lehr- und Lernprozessen wurde, wo also Schreib- und Lesenovizen in die literale Praxis der Gesellschaft eingewiesen werden sollten. Normative Anweisungen wurden umso häufiger und umso bindender, je weiter das System selbst sich stabilisiert hatte. So wundert es nicht, dass die Hochphase der Normierung (also der Formulierung und Verbreitung von Vorschriften) ins 19. Jh. fällt, das Jahrhundert, nach dem sich das System stabilisiert hatte und sich die Schulpflicht durchzusetzen begann.

Der aktuelle Schreiber des 21. Jh.s kann sich schon gar nichts mehr anderes vorstellen, als dass das Interpunktionssystem wie insgesamt das orthographische System durch Normen gemacht ist. Die Reform hat dieser Auffassung zusätzlich Vorschub geleistet. Und auch die Schule stabilisiert diese Denkgewohnheit, so dass die nachwachsenden Generationen kaum je Einsichten in die Systemhaftigkeit der Schrift erhalten. Die neuere Orthographiedidaktik setzt genau hier an und entwirft Konzepte, die den Schüler/innen einen entdeckenden Zugang zur Orthographie und zur Interpunktion ermöglicht (vgl. die Beiträge in Praxis Deutsch 170, 191, 198, 221 und 254 sowie die Beiträge in Deutsch 5–10/31 und in Der Deutschunterricht 4/2019).

Aufgaben 2
a) Der Terminus „Interpunktion" basiert auf dem Lateinischen, der Terminus „Syngraphem", den Gallmann (1996) in die Diskussion gebracht hat, ist dem Griechischen entlehnt. Klären Sie unter Hinzuziehung eines Wörterbuchs die jeweilige Ausgangsbedeutung der beiden Termini und ermitteln Sie, auf welche Eigenschaften der infragestehenden Zeichen sie jeweils verweisen.
b) Behrens (1989) zählt die Auslassungspunkte nicht zu den Interpunktionszeichen (vgl. auch S. 18 des hier vorliegenden Bandes), Baudusch (2000a) hält sie für „Satzschlusszeichen". Prüfen Sie beide Aussagen auf ihre Plausibilität. Sehen Sie sich dafür die Begründungen in den angegebenen Werken an.
c) Zollinger (1940:11) zitiert einen Text von Gottfried Keller, in dem ein Schulmeister den Spinnern eine von ihm verfasste Eingabe vorliest: „Nothfeste, frumme Hoch und wollwysse Regierung Frogszeichen. Ihr werten Eych färwuntern worum wir eüch schreiben Thun Gedankenstrich. Wier habet keyn verdienst und Kein Geld Doppelpunkt. Und wer kein Ferdyenst und kein gelt Hat ist Arm Punktum. [...]." Welchen Zeichenwert misst der Schulmeister den Interpunktionszeichen zu?

Grundbegriffe: Buchstabe, Ziffer, Sonderzeichen, Interpunktionszeichen, Leerzeichen, scriptio continua, scriptio discontinua, arreated writing, lectio, narratio.

Weiterführende Literatur: Bredel (2007), Gallmann (1985), Günther (1988), Höchli (1981), Maas (2000), Parkes (1993), Raible (1991)

3. Formeigenschaften der Interpunktionszeichen

3.1 Graphetik

In Kap. 2.2 wurde gezeigt, dass sich im Verlauf der Geschichte Formgruppen gebildet haben. Unterschieden wurden die „kleinen" Zeichen <. , ; :>, die „großen" Zeichen <? ! „ " ( )> und eine dritte Gruppe, die vorläufig „schwebende" Zeichen <' - ...> genannt wurden. Um die tatsächlichen Verhältnisse zu ermitteln, müssen diese Gruppierungen noch verfeinert werden. Denn auch auf die schwebenden Zeichen können die Merkmale „groß" und „klein" angewendet werden. So ist z. B. der Apostroph im Sinn der gegebenen Definition groß – er weist über die Mittellinie hinaus. Der Gedankenstrich ist „klein" – er weist keinen Oberlinienkontakt auf.
  Im Folgenden werden drei graphetische Merkmale definiert, die die noch intuitiv gewonnenen Merkmale „klein", „groß" und

"schwebend" genauer erfassen bzw. weiter differenzieren. Es lässt sich dann für jedes Interpunktionszeichen angeben, ob es über das jeweilige Merkmal verfügt oder nicht. Im Ergebnis wird jedes Zeichen als ein Tripel von Merkmalen erfasst. Ab Kapitel 4 wird dann gezeigt, dass die Merkmale nicht nur formal, sondern auch funktional motiviert sind.

Die drei Merkmale sind LEERE, VERTIKALITÄT und REDUPLIKATION. Sie werden im folgenden der Reihe nach vorgestellt.

Das Merkmal LEERE
Mit dem Merkmal LEERE wird beschrieben, ob ein Interpunktionszeichen Grundlinienkontakt aufweist oder nicht. Zeichen mit Grundlinienkontakt sind [¬LEER] (also minus LEER), Zeichen ohne Grundlinienkontakt sind [+LEER] (also plus LEER). Mit dem Merkmal LEERE werden die „schwebenden" Zeichen von den nicht schwebenden unterschieden. Ausgehend davon, dass die zugrundeliegende Form der Auslassungspunkte die „schwebende" Variante ist (vgl. Baudusch 1983, Klein & Grund 1997), teilt das Merkmal LEERE das Inventar also in die folgenden zwei Gruppen:

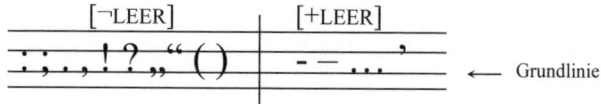

Abbildung 1: Das Merkmal LEERE

Das Merkmal VERTIKALITÄT
Das Merkmal VERTIKALITÄT unterscheidet „große" von „kleinen" Zeichen, solche die über die Mittellinie hinausweisen [+VERT], von solchen, die dies nicht tun [¬VERT]; auch hier zählen die Auslassungspunkte, ansetzend an ihrer historisch frühen Form, als [+VERT]:

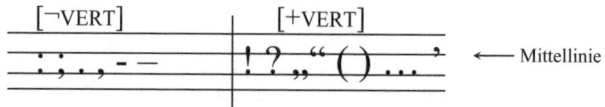

Abbildung 2: Das Merkmal VERTIKALITÄT

Das Merkmal REDUPLIKATION
Als drittes Merkmal wird REDUPLIKATION angesetzt. Entscheidend ist die Anordnung der Einzelelemente der Zeichen: Als [+REDUP] gelten all diejenigen Interpunktionszeichen, in denen ein Basiselement mindestens zweimal auftritt wie etwa beim Doppelpunkt <:>,

der aus zwei Punkten besteht. Als [¬REDUP] gelten diejenigen Interpunktionszeichen, die entweder nur aus einem Element bestehen oder bei denen zwei unterschiedliche Basiselemente miteinander kombinieren wie z. B. beim Fragezeichen <?>, das aus einem Punkt und einer darauf aufsetzenden geschwungenen Linie besteht.

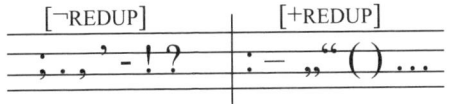

Abbildung 3: Das Merkmal REDUPLIKATION

Im Überblick ergeben sich folgende graphetische Merkmalklassen:

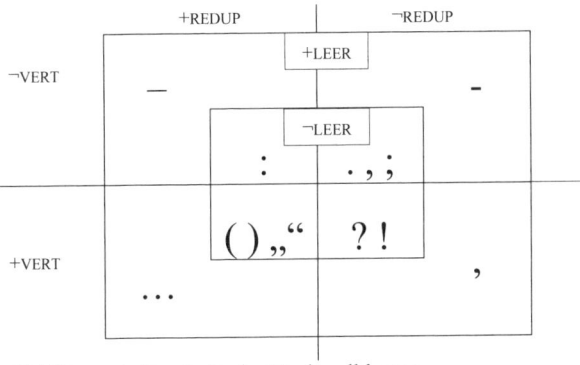

Abbildung 4: Graphetische Merkmalklassen

Auf der Basis der Merkmalspezifizierung kann jedem Interpunktionszeichen seine Form zugewiesen werden. So ist der Gedankenstrich gekennzeichnet durch das **Merkmaltripel** [+LEER, +REDUP, ¬VERT], der Doppelpunkt weist das Merkmaltripel [¬LEER, +REDUP, ¬VERT] auf. Umgekehrt kann jedem Merkmal/jedem Merkmaltripel ein oder mehrere Interpunktionszeichen zugewiesen werden.

So verweist das Merkmaltripel [+LEER, +REDUP, +VERT] auf die Auslassungspunkte; sie sind die markiertesten des Systems und auch diejenigen, die historisch am spätesten auftreten.

Das Merkmaltripel [¬LEER, ¬REDUP, ¬VERT] verweist auf den Punkt, das Komma und das Semikolon. Sie sind die unmarkiertesten des Systems; zugleich werden sie schon in frühen historischen Schriftstufen exploriert.

Je weniger Merkmalabweichungen Interpunktionszeichen untereinander aufweisen, desto enger sollte auch ihre funktionale Verwandtschaft sein. Und umgekehrt sollten starke Merkmalabweichungen auf funktionale Differenzen verweisen.

Der maximalen Merkmalabweichung zwischen Auslassungspunkten einerseits und Punkt, Semikolon, Komma andererseits sollte also auch eine maximale Funktionsdifferenz entsprechen. Und tatsächlich haben sie funktional nichts gemeinsam:

In einigen Interpunktionstheorien gelten die Auslassungspunkte sogar als so weit abweichend, dass sie gar nicht erst zum Interpunktionsinventar gerechnet werden (z. B. Gallmann 1985, Behrens 1989). Bei Behrens (1989:15), die die Interpunktionszeichen als Satzzeichen interpretiert, heißt es: „Zu den Satzzeichen rechne ich Punkt, Fragezeichen, Ausrufezeichen, Komma, Semikolon, Doppelpunkt, Gedankenstriche [sic!], Klammern und Anführungszeichen. Ich rechne nicht, wie es in manchen Arbeiten geschieht, die Auslassungspunkte dazu. Für das Auftreten von Auslassungspunkten sind keine strukturellen Bedingungen angebbar […]".

Eine enge Verwandtschaftsbeziehung besteht demgegenüber zwischen dem Doppelpunkt und den Klammern, die sich nur in einer Hinsicht (VERTIKALITÄT) unterscheiden. Diese zunächst völlig unintuitive Verwandtschaft wird plausibel, wenn man sich folgende Beispiele vergegenwärtigt:

Bertolt Brecht: Der gute Mensch von Sezuan
*Der gute Mensch von Sezuan: Bertolt Brecht
Der gute Mensch von Sezuan (Bertolt Brecht)
*(Bertolt Brecht) Der gute Mensch von Sezuan

Es scheint, als übernähmen Doppelpunkt und Klammern eine ähnliche Funktion – nur die Vollzugsorte sind verschieden: Die Klammerzusätze erscheinen *nach* einer bestimmten Konstruktion, die Doppelpunktkonstruktion *davor*.

Ebenfalls Verwandtschaftsbeziehungen mit dem Doppelpunkt bestehen zum Gedankenstrich; sie unterscheiden sich nur in einer Merkmalausprägung (LEERE) voneinander. In den AR 2006:§82 heißt es: „Mit dem Gedankenstrich kündigt man an, dass etwas Weiterführendes folgt […]". Vergleicht man diesen Passus mit §81 (s. o.), hätten wir es damit sogar mit einer identischen Zeichenfunktion zu tun. Dass dies nicht der Fall ist, wird spätestens in Kapitel 7.4 deutlich.

Der Vergleich von sich formal äußernden Verwandtschaftsbeziehungen von Einzelzeichen soll hier nicht weitergetrieben werden. Es sollte aber deutlich geworden sein, dass wir allein auf der Grundlage der Formeigenschaften der Interpunktionszeichen, und das heißt: unabhängig von ihrer funktionalen Bestimmung, verschiedene Gruppierungen vornehmen konnten, die ganz offensichtlich mehr sind als ein „Kunststück ohne Erkenntniswert" (Günther

1988:85). Die formale Merkmalstruktur wird also die weitere Gliederung des vorliegenden Bandes mitstrukturieren und helfen, eine umfassende Form-Funktionsbestimmung vorzunehmen.

Zuvor soll die graphetische Klassenbildung jedoch graphotaktisch abgesichert werden.

3.2 Graphotaktik

Während es in der graphetischen Analyse um den inneren Aufbau der Zeichen ging, geht es bei der Graphotaktik um die Position der Zeichen in der Zeile und um ihren Kontakt zu Nachbareinheiten.

Es geht also um Fragen wie die, ob es einfach nur Zufall ist, dass Punkt oder Komma nicht am Zeilenanfang, wohl aber am Zeilenende stehen können, der Gedankenstrich aber in beiden Positionen vorkommt. Außerdem geht es darum zu ermitteln, welche Zeichen Nachbarn sein können, z. B. <?">, und welche nicht, z. B. *<.:>.

Der beste Weg, sich diesen Fragen zu nähern, ist, sich die Schreibfläche insgesamt als einen dreifach strukturierten Raum vorzustellen: Die kleinste Einheit des Schreibraums ist der **segmentale Raum**; in ihn werden z. B. Buchstaben eingetragen. Die nächst größere Einheit ist der **lineare Raum**, die Zeile, die in rechts- und linksläufigen Schriften eine horizontale Aneinanderreihung von segmentalen Räumen ist. Die dritte, größte Einheit ist der **flächige Raum**, die Seite, die aus der vertikalen Aneinanderreihung von linearen Räumen besteht:

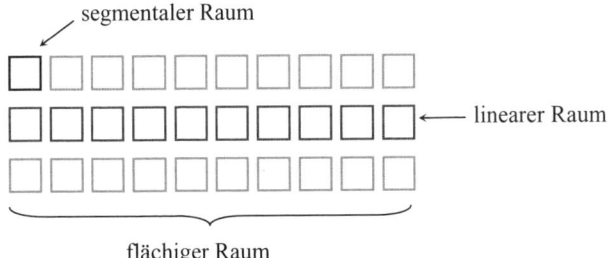

Abbildung 5: Der Schreibraum

Buchstaben, Ziffern und Sonderzeichen, also alle verbalisierbaren Schriftzeichen (Kap. 2.1), sind zweifellos Zeichen, die einen segmentalen Raum besetzen:

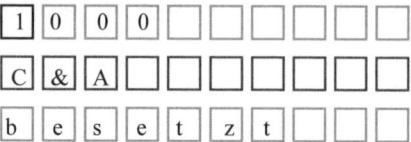

Abbildung 6: Besetzung des segmentalen Raums

Ein anderes Bild ergibt sich für die Nichtverbalisierbaren, also für das Leerzeichen und die Interpunktionszeichen.

Für das Leerzeichen war gesagt worden, dass es ohne Umgebung nicht darstellbar ist; insgesamt war es hinsichtlich aller Kriterien für die Bestimmung von Schriftzeichen leer ausgegangen (Kap. 2.1). Diese Negativ-Definition setzt sich in die Graphotaktik hinein fort: Denn das Leerzeichen ist unter graphotaktischer Perspektive nichts anderes als ein nichtbesetzter segmentaler Raum:

| e | r | | i | s | t | | a | l | t |

Abbildung 7: Das Leerzeichen als nichtbesetzter segmentaler Raum

Bleiben die Interpunktionszeichen. Für sie ergibt sich ein zweigeteiltes Bild: Einige von ihnen füllen – wie Buchstaben, Ziffern und Sonderzeichen – einen segmentalen Raum. Wir nennen Zeichen, die sich so verhalten, **Filler**. Einige Interpunktionszeichen benötigen ein Stützzeichen, an das sie sich anlehnen. Wir sprechen von Klitisierung (gr. ἐγκλίνειν (*enklinein*) (sich) neigen) und nennen die Interpunktionszeichen, die sich so verhalten, **Klitika**.

Zu den Fillern zählen alle Interpunktionszeichen mit dem Merkmal [+LEER] (vgl. Kap. 3.1), also < ... – - '>. Dass sie tatsächlich einen segmentalen Raum füllen, d. h. ohne Stützzeichen stehen, kann man an zwei Merkmalen erkennen: Das erste Merkmal ist ihr potenziell **symmetrisches Auftreten**, wobei symmetrisch bedeutet, dass rechts und links von ihnen – wie bei anderen Fillern (also etwa Buchstaben und Ziffern) – Zeichen desselben Typs auftreten können.

Rechts und links stehen Buchstaben (Divis und Apostroph):

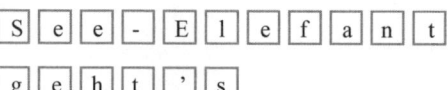

Abbildung 8: Divis und Apostroph im segmentalen Raum

Rechts und links steht ein nicht besetzter segmentaler Raum (Gedankenstrich und Auslassungspunkte):

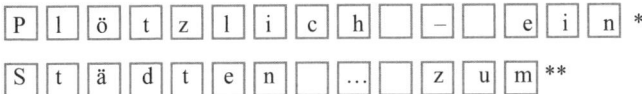

Abbildung 9: Gedankenstrich und Auslassungspunkte im segmentalen Raum

* Vollständiger Satz (aus Duden [24]2006:46): „Plötzlich – ein gellender Aufschrei!"
** Vollständiger Satz (aus Duden [24]2006:35) „Die Erhebung fand in den nachfolgend genannten Städten ... zum ersten Mal statt."

Das zweite Merkmal ist die **Zeilenposition**. Divis, Apostroph, Gedankenstrich und Auslassungspunkte können zeileninitial *oder* zeilenfinal auftreten – ein deutlicher Indikator dafür, dass sie kein Stützzeichen brauchen:

zeileninitiales Auftreten (APO = Apostroph, GS = Gedankenstrich, ALP = Auslassungspunkte):

Divis	Schulbücher und -hefte	APO	's geht so
GS	Plötzlich – ein Aufschrei	ALP	Die Erhebung fand in den genannten Städten ... zum ersten Mal statt

zeilenfinales Auftreten:

Divis	Baga- telle	APO	Gehen S'
GS	Plötzlich – ein Aufschrei	ALP	Die Erhebung fand in den genannten Städten ... zum ersten Mal statt

Symmetrie und freies Auftreten in der Zeile sind Indikatoren dafür, dass sich Divis, Apostroph, Gedankenstrich und Auslassungspunkte ähnlich wie Buchstaben, Ziffern und Sonderzeichen verhalten, die ebenfalls Filler sind und dieselben graphotaktischen Merkmale (Symmetrie, freie Beweglichkeit in der Zeile) aufweisen.

Anders verhalten sich die Zeichen mit dem Merkmal [¬LEER]: Sie stehen stets asymmetrisch und jedes von ihnen ist auf eine der beiden möglichen Zeilenrandpositionen beschränkt. Das Verhalten der Klitika im Zeilenraum soll hier exemplarisch am Komma und am Fragezeichen gezeigt werden:

Abbildung 10: Klitika im segmentalen Raum

Weil sie zusammen mit einem Stützzeichen einen segmentalen Raum besetzen, steht links von ihnen eben das Stützzeichen und rechts von ihnen dasjenige Zeichen, das vom Stützzeichen verlangt wird (hier jeweils ein Leerraum).

Unterschieden werden müssen bei den Klitika noch solche, die *vor* ihrem Stützzeichen stehen (Proklitika), das sind die öffnende Klammer und die öffnenden Anführungszeichen, und solche, die *nach* ihrem Stützzeichen stehen (Enklitika), das sind alle anderen klitischen Interpunktionszeichen. Proklitika sind in Bezug auf die Zeilenrandposition auf die zeileninitiale Position festgelegt, Enklitika auf die zeilenfinale:

* Frankfurt (	* Frankfurt (Oder	* Frankfurt oder Düsseldorf
Oder)	)	?

Was haben wir aus der graphotaktischen Analyse bisher gewonnen? Das wichtigste ist, dass wir unsere graphetische Klassenbildung stützen und damit stabilisieren konnten: Ganz offenbar verläuft ein qualitativer Schnitt zwischen den Fillern (mit dem Merkmal [+LEER]) und den Klitika mit dem Merkmal [¬LEER]. Wie in Kap. 4 gezeigt wird, ist diese, rein graphetisch gewonnene und nun auch graphotaktisch gestützte Zweiteilung des Inventars auch funktional von allergrößtem Interesse.

Eine weitere graphotaktische Beobachtung, das Verhalten der Interpunktionszeichen untereinander, hilft, auch die Relevanz des graphetischen Merkmals VERTIKALITÄT zu stützen:

Die großen Klitika, <? ! ( ) „" > können mit den meisten anderen Interpunktionszeichen zusammen, aber auch miteinander in einem segmentalen Raum stehen *(„Künstler?!")*:

| („K | ü | n | s | t | l | e | r?!") |

Abbildung 11: Mehrfachbesetzung von klitischen Positionen

Das gilt für die kleinen Klitika, <. , ; :>, nicht. Sie treten nie miteinander auf. Offensichtlich steht für diese Zeichen eine und nur eine Klitisierungsposition zur Verfügung. Ist sie besetzt, ist sie für alle weiteren Zeichen dieser Klasse blockiert (vgl. hierzu ähnlich bereits Nunberg 1990).

3.3 Zusammenfassung

Die graphotaktische Analyse hat zur Ermittlung von zwei großen Interpunktionsklassen geführt: Filler und Klitika, die sich auch graphetisch durch die Ausprägung des Merkmals LEERE unterscheiden. Filler weisen eine leere Grundlinie auf, sind also [+LEER], Klitika weisen eine besetzte Grundlinie auf, sind also [¬LEER]. Klassenintern lassen sich weitere graphetische Differenzierungen vornehmen: Wir unterscheiden sowohl bei den Fillern als auch bei den Klitika vertikale und nicht vertikale sowie reduplizierte und nicht reduplizierte Zeichen. Im folgenden Kapitel wird den formalen Merkmalen ihre Funktion zugewiesen.

Aufgaben 3:
a) Stellen Sie auf der Basis der graphetischen Merkmale formal verwandte Zeichen zusammen und überlegen Sie, welche funktionalen Verwandtschaftsbeziehungen bestehen könnten.
b) Graphetische Analysen wurden auch für die Buchstaben durchgeführt. Prominent sind Primus (2006 und 2007) und Fuhrhop & Buchmann (2009). Vergleichen Sie beide Ansätze miteinander.
c) Sehen Sie in einem Lexikon der Sprachwissenschaft unter „Klitikon" nach und vergleichen Sie die dort gegebene Definition mit der hier gegebenen.
d) Zifonun et al. (1997:259) definieren die „graphische Wortform" graphotaktisch, und zwar als „Folge von Buchstabengraphen, der ein Spatium [= Leerzeichen, U. B.] vorangeht". Prüfen Sie die Richtigkeit diese Definition.

Grundbegriffe: REDUPLIKATION, VERTIKALITÄT, LEERE, segmentaler Raum, linearer Raum, flächiger Raum, Filler, Klitikon.

Weiterführende Literatur: Bredel (2008), Fuhrhop & Buchmann (2009), Nunberg (1990), Primus (2006; 2007)

4. Die Interpunktion im Leseprozess

4.1 Allgemeine und spezielle Perspektiven auf den Leseprozess

Wenn man annimmt, die Interpunktionszeichen steuerten den Leseprozess (Online-Annahme), kommt man nicht ohne einen Begriff von Lesen aus. Die folgenden Ausführungen befassen sich jedoch nur mit einem kleinen Ausschnitt des Lesens. Nicht thematisiert werden verschiedene Lesebegriffe im Zusammenhang mit Textsorten (z. B. der Unterschied zwischen dem Lesen von Sachtexten und dem Lesen literarischer Texte; vgl. Rosebrock 2007) oder verschiedene Leseverfahren (etwa überfliegendes vs. intensives Lesen). Auch wird es nicht um das Leseverstehen, d. h. um diejenigen Konstruktionsprozesse gehen, mit denen der Leser textuell gegebene Informationen in Interaktion mit seinem Vorwissen zu individuell neuen Wissensbeständen umarbeitet (Schnotz 1994). Und auch der Lesekompetenzbegriff, der in der jüngsten Zeit eine intensive Debatte erfahren hat (vgl. Artelt et al. 2007), bleibt unerörtert.

Thematisiert werden nur diejenigen Komponenten des Gesamtleseprozesses, die mit Blick auf die Interpunktionszeichen relevant sind. Dabei handelt es sich um Komponenten, die – wie bei allen konventionalisierten Schriftzeichen – unabhängig von Textinhalten, von verschiedenen Leseverfahren, von verschiedenen Wissensbeständen und von verschiedenen Kompetenzniveaus von konkreten Leser/innen sind.

4.2 Scanning und Processing

Bereits durch ihre pure Materialität macht die Schrift sprachliche Einheiten sichtbar: Ohne, dass man schon weiß, was genau irgendwo steht, erkennt man z. B. Wortzwischenräume (und damit Wörter) sowie kartographisch, also durch das layout erzeugte Texteigenschaften, etwa Absätze (und damit thematische Einheiten) oder Spalten (und damit Textsorten) etc. Die durch die An-/Abwesenheit graphischen Materials und seiner Ordnung im Raum erzeugten, kurz **typographisch kodierte Einheiten** werden gescannt, d. h. auf einen Schlag erfasst.

Ein zweites Verfahren zur Herstellung sprachlicher Einheiten ist ihre Kodierung mittels Schriftzeichen: Buchstaben, Sonderzeichen und Ziffern werden vom Leser zu größeren Einheiten zusammengefügt. Dafür ist ein Verrechnungsprozess erforderlich. **Graphisch kodierte Einheiten** werden nicht auf einen Schlag erfasst, sondern prozessiert.

Die Interpunktionszeichen unterscheiden sich danach, ob sie das Scanning oder das Processing unterstützen.

Zur ersten Gruppe gehören Divis, Apostroph, die auf der Wortebene operieren, und der Gedankenstrich und die Auslassungspunkte, die als optische Repräsentanten der Zeile (vgl. z. B. den Gedankenstrich als Alternativkennzeichnung des Absatzes) auf der Textebene operieren. Die vier genannten Zeichen zeigen leserelevante Abweichungen typographisch kodierter Einheiten/Strukturen an.

Zur zweiten Gruppe gehören Punkt, Komma, Semikolon, Doppelpunkt, Fragezeichen und Ausrufezeichen, die auf Satzebene operieren, und Klammern und Anführungszeichen als Textzeichen; sie operieren nicht auf der typographischen Oberfläche, sondern regulieren die Verarbeitung graphisch kodierter Einheiten.

Es ist kein Zufall, dass in der Zweiteilung in Scan- und Prozesshilfen die graphetischen und graphotaktischen Merkmalklassen wiederkehren (IP = Interpunktionszeichen):

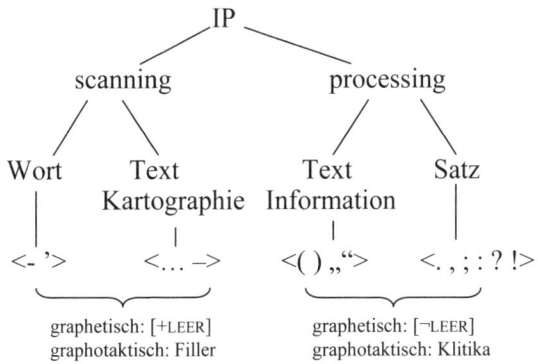

Abbildung 12: Scanning und Processing

Ebenfalls systematisch auffindbar ist das graphetische Merkmal REDUPLIKATION: Zeichen, die der Domäne Text zugewiesen wurden, weisen das Merkmal [+REDUP] auf, Zeichen, die den Domänen Wort und Satz zugewiesen wurden, weisen das Merkmal [¬REDUP] auf. Nur der Doppelpunkt schert hier aus. In Kap. 7.4 wird sich zeigen, warum das so ist.

4.3 Parsing und Schreiber-/Leserrollen

Die Auswertung des Merkmals LEERE hat zu einer Unterscheidung zwischen Scan- und Prozesshilfen geführt. Das Merkmal REDUPLIKATION sagt etwas über die sprachliche Ebene (Wort/Satz [¬REDUP], Text [+REDUP]), auf denen die Interpunktionszeichen operieren. Zur Ermittlung, wie genau die Interpunktionszeichen arbeiten, kommt das Merkmal VERTIKALITÄT ins Spiel.

Wort-, Satz- und Textlesen haben jeweils zwei Seiten: Eine kognitive und eine kommunikative.

Die kognitive Seite bezieht sich auf die Aktivitäten von Schreibern und Lesern bei der Verrechnung von Strukturen. Diese Verrechnungsaktivitäten werden in der linguistischen Literatur als **Parsing** bezeichnet.

Die kommunikative Seite beschreibt die Austauschprozesse zwischen Schreibern und Lesern und ist wesentlich dadurch gekennzeichnet, dass in geschriebenen Texten verschiedene **Schreiber-/Leserrollen** etabliert werden.

Parsing

Der Begriff Parsing (engl. *to parse*: zergliedern, analysieren) beschreibt den Aufbau von Strukturen, bei der kleinere Einheiten zu größeren verrechnet werden. Für das Wort-, das Satz- und das Textlesen unterscheiden wir drei verschiedene Parsingaktivitäten:

1) **lexikalisches Parsing**: Verrechnung von Buchstabenfolgen zu Wörtern.
2) **syntaktisches Parsing**: Verrechnung von Wortfolgen zu Phrasen/Sätzen.
3) **textuelles Parsing**: Verrechnung von Satzfolgen zu Texten.

In einer äußerst schematisierten Darstellung können Aktivitäten des Lesers beim Parsen von Texten also wie folgt erfasst werden:

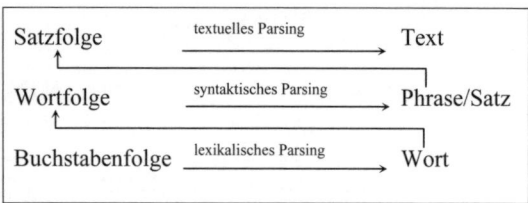

Abbildung 13: Wort-, Satz- und Textlesen

Jede Parsingaktivität wird solange fortgeführt, bis ein entsprechender Indikator den Leser auf die nächst höhere Ebene führt.

Das Leerzeichen beendet das lexikalische Parsing, das Ergebnis wird an das syntaktische Parsing weitergereicht. Der Punkt beendet das syntaktische Parsing, das Ergebnis wird an das textuelle Parsing weitergereicht. Eine nicht beschriebene Fläche beendet das textuelle Parsing und damit das Lesen.

Dabei ist jede Parsingaktivität, die lexikalische, die syntaktische und die textuelle selbst durch **Standardverfahren (= Default)** ausgezeichnet: Solange die Schrift keine anderen Informationen gibt, vertraut der Leser darauf, dass eine Buchstabenfolge zwischen Leerzeichen ein vollständiges lexikalisches/syntaktisches Wort (vgl.

hierzu Kap. 5.1) abbildet und er zur Auswertung von Buchstabenfolgen seinen Wortspeicher und die Wortformenbildung aktivieren, entsprechende Verknüpfungsoperationen einleiten und diese nach dem Eintreffen des Leerzeichens beenden kann.

Nun kann es aber zu Konflikten kommen. Das ist z. B. dann der Fall, wenn der Schreiber gezwungen ist, ein Leerzeichen zu erzeugen, obwohl die Buchstabenfolge noch kein vollständiges Wort ergeben hat, der Leser also das lexikalische Parsing noch nicht verlassen darf. Der klassische Fall für diesen Konflikt ist das Erreichen des Zeilenendes, wo manchmal eine wortkonstituierende Buchstabenfolge unterbrochen und auf der nächsten Zeile fortgesetzt werden muss. In diesem Fall interveniert der Divis (als Trennstrich), der dem Leser signalisiert, dass die Buchstabenfolge links von ihm noch nicht an das syntaktische Parsing weitergegeben werden darf (vgl. zum Trennstrich im Detail Kap. 3.1).

Ähnlich ist es mit dem Standardverfahren des syntaktischen Parsings: Der Leser vertraut darauf, dass unmittelbar aufeinanderfolgende Wörter syntaktisch miteinander verknüpft werden können. Solange die Schrift keine anderen Informationen gibt, werden also Wortfolgen unmittelbar zu Phrasen zusammengefügt.

Auch hier kann es zu Konflikten kommen, nämlich dann, wenn Wörter unmittelbar aufeinanderfolgen, die nicht miteinander verknüpft werden können. Das folgende Beispiel illustriert einen solchen Fall: Die aus einem beliebigen Text ausgeschnittene Wortfolge *sie spielte mit dem fremden Kind* kann ganz unterschiedliche syntaktische Phrasen konstituieren:

(1) (a) | sie spielte mit dem fremden Kind | Malefiz.
    (b) | sie spielte mit; dem fremden Kind | konnte sie nicht helfen.
    (c) | sie spielte; mit dem fremden Kind | konnte sie nichts anfangen.
    (d) | sie spielte mit dem fremden, Kind | und Mann hatte sie vergessen.

In (a) gehören alle Wörter der infragestehenden Wortfolge zur gleichen syntaktischen Phrase; der Leser kann seiner Defaultstrategie folgen und sie unmittelbar miteinander verknüpfen. Entsprechend interveniert kein Interpunktionszeichen. In (b), (c) und (d) ist das anders: Vorläufig gesprochen gehören verschiedene Teile der infragestehenden Wortfolge zu unterschiedlichen Teilsätzen. Es interveniert jeweils ein Interpunktionszeichen, das dem Leser die Stelle, an der keine unmittelbare Verknüpfung mehr erfolgen darf, markiert.

Während in (1) der Kontext darüber aufklärt, welche Phrasierung korrekt ist, gibt es Konstruktionen, in denen kontextunabhängig durch unterschiedliche Interpunktionsmarkierungen verschiedene grammatische Strukturen erzeugt werden:

(2) a. Ben sagte Marie wolle baden.

Ohne Interpunktionszeichen ist (2a) orthographisch abweichend. Wer ihn liest, vermag ihn aber doch zu interpretieren: Er zieht automatisch eine Grenze zwischen *sagte* und *Marie* und liest den Satz wie in (2b):

(2) b. Ben sagte, Marie wolle baden.

Möglich ist aber auch (2c):

(2) c. Ben, sagte Marie, wolle baden.

Dass der Leser bei der kommalosen Variante diese Lesart nicht in Erwägung zieht, hat etwas mit der syntaktischen Standardstrategie zu tun, unmittelbare Nachbareinheiten wenn irgend möglich sofort für den Strukturaufbau auszunutzen. *Ben sagte* ist dafür eine optimale Wortfolge: Die Ausdrücke sind kongruent und werden daher sofort zu einer Subjekt/Prädikat-Struktur verrechnet. Nur das Komma zwischen *Ben* und *sagte* kann das verhindern.

Ein dritter Befund zeigt, dass die das syntaktische Parsing steuernden Zeichen <. , ; :> unterschiedliche Sorten von Grenzen erzeugen, die zu unterschiedlichen Lesarten führen können:

(3) (a) Die Politiker denken. Das gefällt dem Volk.
(b) Die Politiker denken; das gefällt dem Volk.
(c) Die Politiker denken: Das gefällt dem Volk.
(d) Die Politiker denken, das gefällt dem Volk.

(3a) und (3b) sind nur wie folgt paraphrasierbar: Die Politiker denken und dass sie das tun, gefällt dem Volk. (3c) hingegen kann nur wie folgt paraphrasiert werden: Die Politiker denken, dass das dem Volk gefällt. (3d) ist ambig, lässt also beide Paraphrasemöglichkeiten zu. In Kap. 7 werden diese Unterschiede erklärt.

Der wichtigste Aspekt textuellen Parsings, also der Verknüpfung von Texteinheiten zu größeren Einheiten, ist eine thematische Kontinuitätssicherung zwischen aufeinanderfolgenden Texteinheiten. Umstrukturiert werden kann die thematische Kontinuität von Gedankenstrich und Doppelpunkt (vgl. Kap. 5.3 und 7.4) (zur Textverarbeitung im Überblick vgl. Schwarz 2008).

Schreiber-/Leserrolle
Der Begriff der Schreiber-/Leserrolle fasst die kommunikativen Austauschprozesse von Schreibern und Lesern zusammen. Unterschieden werden können und müssen hier in Anlehnung an die funktionale Pragmatik (Ehlich/Rehbein 1986) drei Rollendimensionen:

1) Die **interaktionale Dimension** bezieht sich auf die Frage, wer der Verfasser und wer der Adressat von Geschriebenem ist.
2) Die **aktionale Dimension** beschreibt die Relation von Geben (Schreiben/Enkodieren) und Nehmen (Lesen/Dekodieren) von Informationen in Texten.
3) Die **epistemische Dimension** bezieht sich auf die Verteilung des Wissens zwischen den Akteuren der schriftlichen Kommunikation.

Auf den ersten Blick scheint die Frage nach den interaktionalen, aktionalen und epistemischen Rollenverhältnissen in Texten sehr einfach zu sein: Der Schreiber ist der Verfasser, der Leser der Adressat (interaktional), der Schreiber gibt, der Leser nimmt (aktional), der Schreiber ist Wissender, der Leser Nichtwissender (epistemisch). Diese Konstellation kennzeichnet tatsächlich den Standardfall (= Default) und bleibt schriftlich unmarkiert. Denn sie ist ableitbar aus der Produktions-/Rezeptionsrelation, die von der Schrift automatisch generiert wird.

Aber auch hier gibt es Abweichungen, z. B. dann, wenn der Schreiber sich selbst zum Nichtwissenden und den Leser zum Wissenden macht. Das geschieht beim Stellen einer Frage. Die epistemischen Rollenverhältnisse haben sich verändert. Es steht das Fragezeichen (Kap. 6.1).

Zu Abweichungen kommt es aber auch, wenn der Schreiber eine Figur sprechen lässt, die nicht den Leser, sondern eine andere Figur als Adressaten hat. Die interaktionalen Rollenverhältnisse haben sich geändert. Es stehen Anführungszeichen (Kap. 6.2).

Die aktionale Konstellation ändert sich dann, wenn der Schreiber dem Leser Informationen vorenthält, die dieser nun selbst (re)konstruieren muss. Das ist z. B. der Fall beim Setzen eines Apostrophs. Der Schreiber signalisiert dem Leser, dass das, was normalerweise ausgedrückt ist, hier unausgedrückt bleibt – zur Vervollständigung muss der Leser also in die Rolle des Schreibers schlüpfen und eigenständig Informationen hinzufügen (Kap. 5.2).

Unterscheidet man die Interpunktionszeichen danach, ob sie die kognitive Dimension (Parsing) oder die kommunikative Dimension (Schreiber-/Leserrolle) betreffen, ergibt sich die folgende Zweiteilung:

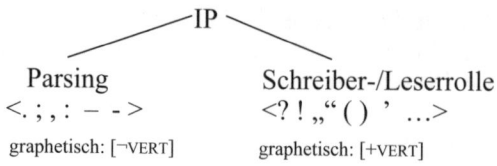

Abbildung 14: Parsing und Schreiber-/Leserrollen

4.4 Zusammenfassung

Die Unterscheidung verschiedener Teilaktivitäten im Gesamtleseprozess hat zu einer ersten funktionalen Zuordnung der graphetischen und graphotaktischen Merkmalklassen geführt. Abbildung 4 aus Kap. 3.1, die über reine Formmerkmale definiert war, kann nun funktional aufgefüllt werden (Abbildung 15):

Ermittelt wurde, dass diejenigen Zeichen, die unter graphotaktischer Perspektive als Filler (graphetisches Merkmal [+LEER]) ausgewiesen worden sind, unter lesepsychologischer Perspektive diejenigen sind, die auf oberflächennahen Kodierungen operieren; es sind Scanhilfen. Die Klitika (graphetisches Merkmal [¬LEER]) wurden demgegenüber als Prozesshilfen profiliert. Das Merkmal REDUPLIKATION filtert die Domäne aus, das Merkmal VERTIKALITÄT macht Aussagen darüber, ob ein Zeichen in Parsingoperationen eingespannt ist oder ob es zu einem Rollenwechsel instruiert:

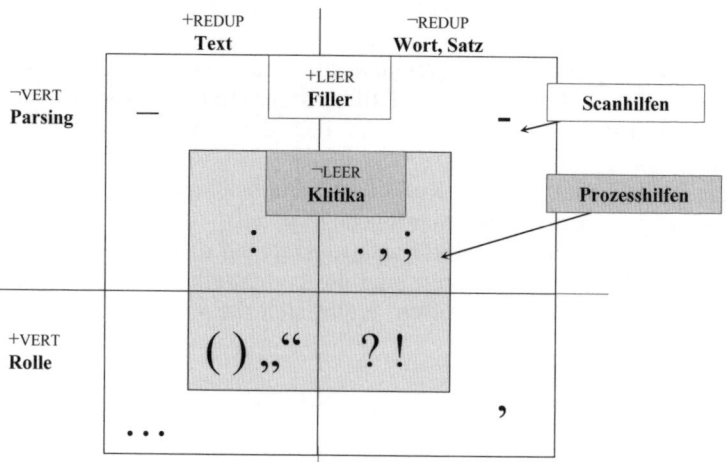

Abbildung 15: Form-Funktions-Verhältnisse

Für die Analyse der Funktion der einzelnen Interpunktionszeichen erweist sich die Gruppe der Scanhilfen als äußerst komfortabel: Denn dort befindet sich in jeder Zelle ein und nur ein Element. Wir beginnen die Einzeldarstellungen deshalb mit dieser Klasse. Bei der Darstellung der Zeichen, die Prozesshilfen darstellen, beschreiben wir diejenigen, die zu einem Rollenwechsel instruieren, zusammenfassend als Kommunikative Zeichen, diejenigen, die das Parsing steuern, zusammenfassend als Syntaktische Zeichen.

Aufgaben 4
a) In den Amtlichen Regeln (2006:1195) heißt es: „Die Satzzeichen […] dienen insbesondere dazu, einen geschriebenen Text übersichtlich zu gestalten und ihn dadurch für den Lesenden überschaubar zu machen." Handelt es sich um eine Online-Annahme?
b) Konstruieren Sie wie unter (1) eine Wortfolge mit möglichst vielen syntaktischen Strukturalternativen.
c) In der allgemeinen Literatur, aber auch in der Schule wird statt von „Interpunktionszeichen" von „Satzzeichen" gesprochen. Diskutieren Sie die Vor- und Nachteile dieser Eindeutschung.
d) Wie müssten die Grundprinzipien einer Interpunktionsdidaktik aussehen, die davon ausgeht, dass die Interpunktion den Leseprozess steuert?

Grundbegriffe: Wortlesen, Satzlesen, Textlesen, Scanhilfe, Prozesshilfe, Parsing (lexikalisch, syntaktisch, textuell), Schreiber-/Leserrolle (aktional, interaktional, epistemisch)

Weiterführende Literatur: Bredel (2008), Günther (1988), Lohnstein (1993), Schwarz (2008)

5. Divis, Apostroph, Gedankenstrich und Auslassungspunkte

Divis, Apostroph, Gedankenstrich und Auslassungspunkte wurden in Kap. 4.2 zusammenfassend als Scanhilfen profiliert. Sie zeigen, so wurde argumentiert, leserelevante Abweichungen oberflächennah kodierter Einheiten/Strukturen an. Divis und Apostroph markieren Irregularitäten in oder an Wörtern, es sind **Wortzeichen**; Gedankenstrich und Auslassungspunkte Irregularitäten in oder an kartographisch erzeugten Textstrukturen, es sind **Textzeichen**.

5.1 Der Divis

Der Divis kommt in folgenden Konstruktionen vor:
(1) See-Elefant (Bindestrich)
(2) pfle-[Zeilenumbruch]gen (Trennstrich)
(3) be- und entladen (Ergänzungsstrich)

Alle drei Divisverwendungen indizieren Abweichungen vom regulären lexikalischen Parsing, beziehen sich dabei aber auf verschiedene Eigenschaften von Wörtern. Zur Ermittlung ihrer Funktionsweise benötigen wir daher zunächst einen für unsere Zwecke tragfähigen Wortbegriff. Und hier wird die Unterscheidung zwischen dem **syntaktischen Wort** (auch **Wortform** genannt), dem **lexikalischen Wort** (auch **Lexem** genannt) und dem **etymologischen Wort** zentral, wobei das etymologische Wort keinen Reflex in der Interpunktion hat, für das Gesamtverständnis des Wortbegriffs aber gebraucht wird.

Zur Unterscheidung der genannten Wortbegriffe benötigen wir drei Merkmale: Stamm, Wortart und grammatische Ausprägung.

Unter einem Stamm versteht man denjenigen morphologischen Bestandteil eines Wortes, der die Kernbedeutung trägt. Über denselben Stamm verfügen z. B. *Maler* und *malen*.

Die Wortart eines Ausdrucks definiert sein morphosyntaktisches Potenzial. *Maler* und *malen* weisen zwar denselben Stamm auf, nicht aber dieselbe Wortart: *Maler* dekliniert, *malen* konjugiert.

Die grammatische Ausprägung bezeichnet die Realisierung des morphosyntaktischen Potenzials: *(zu) malen* und *(er) malt* gehören zwar derselben Wortart (Verb) an, sie sind aber in Bezug auf ihre grammatischen Ausprägungen verschieden: *(zu) malen* ist eine Infinitivform, *(er) malt* ist eine Form in der 3. Ps Sg.

Wer von etymologischen Wörtern spricht, konzentriert sich auf den Stamm: Weil *Maler* und *malen* stammgleich sind, gehören sie zum selben etymologischen Wort.

Wer von lexikalischen Wörtern oder Lexemen spricht, beachtet die Wortart. Weil *Maler* und *malen* verschiedenen Wortarten angehören, handelt es sich um zwei lexikalische Wörter. *Maler* (z. B. Nominativ) und *Malers* (Genitiv) dagegen gehören zu einem lexikalischen Wort.

Wer von syntaktischen Wörtern oder Wortformen spricht, beachtet die grammatische Ausprägung. Bei *Maler* und *Malers* handelt es sich um zwei syntaktische Wörter.

Für die Ausdrücke *Maler, Malers, malen* und *malst* ergeben sich die folgenden Zugehörigkeiten (EW = etymologisches Wort, LW = lexikalisches Wort, SW = syntaktisches Wort):

{Maler, Malers, malen, malst} ∈ EW
{Maler, Malers} ∈ LW_1; {malen, malst} ∈ LW_2
{Maler} ∈ SW_1; {Malers} ∈ SW_2; {malen} ∈ SW_3; {malst} ∈ SW_4

Die Orthographie nimmt in unterschiedlicher Weise Bezug auf die verschiedenen Wortbegriffe:

Das *etymologische Wort* spielt bei der sog. Stammkonstanzschreibung eine Rolle. Identische Stämme werden in allen Umgebungen so ähnlich wie möglich geschrieben. Deshalb schreiben wir: ***malen, malst, malern, Malkasten, Maler*** etc. Diese, erst im späteren Mittelalter herausgebildete orthographische Regularität ermöglicht es dem Leser, Verwandtschaftsbeziehungen zu identifizieren und jede beliebige Wortform einem bestimmten Stamm und damit einer bestimmten Bedeutung zuzuweisen. Die Reformer von 1996 haben dieses Prinzip gestärkt: So wurde der *Stengel* zum *Stängel*, *selbständig* zu *selbstständig* etc.

Welche Rolle das lexikalische Wort in der Orthographie spielt, ist umstritten. Herkömmliche Orthographietheorien gehen davon aus, dass die lexikalische Eigenschaft (also die Wortart) von Wörtern die Groß-/Kleinschreibung von Ausdrücken innerhalb von Sätzen voraussagt: Demnach würden Substantive großgeschrieben. Diese Auffassung wird in jüngerer Zeit kontrastiert mit dem Konzept der syntaxbasierten Großschreibung, demzufolge ein Ausdruck dann großgeschrieben wird, wenn er eine bestimmte syntaktische Funktion einnimmt, konkret: wenn er Kern einer nominalen Gruppe ist (vgl. hierzu Eisenberg 1981; Maas 1992). Mit diesem neueren Ansatz lässt sich z. B. widerspruchsfrei erklären, warum das Verb *malen* in *Lass uns malen* klein- und in *beim Malen* großgeschrieben wird.

Für unseren Zusammenhang ist das zwar nicht zentral, der Unterschied der hier skizzierten Großschreibungskonzepte ist aber auch unter lesepsychologischer Perspektive von außerordentlichem Interesse: Dem ersten Ansatz zufolge, der die Großschreibung an die Wortart, also an eine Eigenschaft des lexikalischen Wortes bindet, würde die Großschreibung beim lexikalischen Parsing ausgewertet, sie würde dem Leser also helfen, eine lexikalische Worteigenschaft zu identifizieren. Im zweiten Ansatz, demzufolge die Großschreibung an das syntaktische Wort gebunden ist, würde sie beim syntaktischen Parsing ausgewertet, würde dem Leser also helfen, eine Phrase zu identifizieren.

Sicher ist, dass das syntaktische Wort bei der Getrennt- und Zusammenschreibung eine Rolle spielt: Mit dem Leerzeichen getrennt werden syntaktische Wörter, also solche, die eine grammatische Ausprägung aufweisen und damit syntaktische Funktion im Satz übernehmen. Erst sie können an das syntaktische Parsing weitergeleitet werden. Deshalb schreiben wir *Er ist Malermeister* und nicht **Er ist Maler Meister*, aber *Darin sind viele Maler Meister* und nicht **Darin sind viele Malermeister* (vgl. dazu umfassend Fuhrhop 2007).

Entscheidend für den Divis, um den es in diesem Kapitel geht, sind das lexikalische und das syntaktische Wort: Ohne Divis, das heißt als ununterbrochene Buchstabenfolgen zwischen Leerzeichen, stehen lexikalisch und syntaktisch vollständig spezifizierte Wörter.

Der Bindestrich (*See-Elefant*) zerlegt ein Wort in seine lexikalischen Bestandteile. Links vom Bindestrich steht ein lexikalisches Wort (*See-*), das noch kein syntaktisches Wort ist; *See-* weist (im Gegensatz zu *See*) keine syntaktische Ausprägung (Kasus-, Numerus-, Genusspezifizierung) auf; diese wird erst vom Zweitbestandteil (*Elefant*) geliefert.

Beim Ergänzungsstrich ist es umgekehrt: Der Bestandteil, der mit dem Ergänzungsstrich begrenzt ist (*be-*), ist noch kein lexikalisches Wort. Zwar ist er auch noch kein syntaktisches Wort, aber er verhält sich wie eines. So kann ihm z. B. ein Komma folgen (*be-, ent- und umladen*) – ein guter Indikator dafür, dass wir uns auf der Ebene des syntaktischen Parsings befinden.

Beim Trennstrich treffen beide Defekte aufeinander: Der linke Bestandteil (*pfle-*) ist weder ein lexikalisches noch ein syntaktisches Wort.

Zusammenfassend erhalten wir folgende Übersicht (LW = Lexikalisches Wort; SW = Syntaktisches Wort):

	LW	SW	Beispiel
Bindestrich	+	−	*See-*
Ergänzungsstrich	−	+	*be-,*
Trennstrich	−	−	*pfle-*[Zeilenwechsel]
Leerzeichen	+	+	*See*

Tabelle 3: Die Funktionen des Divis

Damit sind alle logischen Möglichkeiten des Verhältnisses von lexikalischen und syntaktischen Worteigenschaften, wie sie in der schriftlichen Repräsentation vorkommen können, abgedeckt.

Auf dieser Grundlage können die einzelnen Divisvorkommen genauer beschrieben werden.

Der Divis als Bindestrich
Der Bindestrich, so wurde ermittelt, separiert einzelne lexikalische Bestandteile eines Ausdrucks. Das Lesen von Bindestrichkonstruktionen erfolgt damit in zwei Schritten: 1. Identifizierung der Teilausdrücke (= lexikalische Wörter), 2. Verknüpfung der Teilausdrücke zu einem Gesamtausdruck (= syntaktisches Wort). Der Bindestrich verhindert zugleich, dass ein lexikalischer Teilausdruck bereits an das syntaktische Parsing weitergeleitet wird, bevor er seine syntaktischen Merkmale erhalten hat.

In Leseexperimenten konnte nachgewiesen werden, dass Leser der durch den Bindestrich angezeigten **Dekomposition** des Leseprozesses tatsächlich folgen: Der Landeplatz des Auges liegt beim Lesen von zusammengesetzten Ausdrücken mit Bindestrich (vgl. *blau-grün*) bevorzugt vor diesem, beim Lesen von zusammengesetzten Ausdrücken ohne Bindestrich (vgl. *blaugrün*) landet das Auge manchmal auf dem Erstbestandteil, manchmal nicht (Pfeiffer 2002, dargestellt in Geilfuß-Wolfgang 2007).

Nun ist es nicht in allen Fällen, in denen ein syntaktisches Wort aus mehr als einem lexikalischen Teilausdruck besteht, sinnvoll bzw. erlaubt, einen Bindestrich zu setzen und damit den Leseprozess in der beschriebenen Weise zu dekomponieren. Es müssen bestimmte Bedingungen vorliegen. Diese können in der Beschaffenheit der Teilausdrücke liegen oder in der Art ihrer Verknüpfung.

1. Ein Beispiel für den ersten Fall (die Beschaffenheit der Teilausdrücke) sind Konstruktionen, bei denen die Teilausdrücke mit unterschiedlichen Schriftzeichen kodiert sind (§ 40 AR):

(a) ¾-Takt, 4-Tonner, das x-te Mal

Der Leser wertet jeden einzelnen Teilausdruck autonom, gemäß seiner Kodieranweisung aus und verknüpft sie anschließend zu einem Gesamtausdruck.

Häufig ist dieser Bindestrichgebrauch auch beim Kontakt von heimischen und fremden Wörtern, die unterschiedliche orthographische Kodiersysteme betreffen (vgl. hierzu auch Buchmann 2010).

(b) City-Fahrschein, ?Cityfahrschein

2. Ein Beispiel für den zweiten Fall (die Art der Verknüpfung von Teilausdrücken), liegt mit Konstruktionen mit sog. Durchkopplungsbindestrich vor. Beispiele dafür sind *das Auf-der-Hut-Sein* (§ 43 AR), *der Mach-mich-nicht-an-Blick*. Die mit dem Bindestrich separierte Teilausdrücke werden nicht morphologisch, sondern wie syntaktische Phrasen miteinander verrechnet, ohne bereits eine syn-

taktische Phrase der Trägerkonstruktion zu sein. Denn der gesamte Ausdruck muss wie *ein* syntaktisches Wort behandelt werden. Der Bindestrich verhindert die Weitergabe der Einzelausdrücke an das syntaktische Parsing.

In Fällen wie unter 1a und 2 ist die Bindestrichschreibung von den Amtlichen Regeln vorgeschrieben. Empfohlen wird sie weiter in Fällen, in denen nicht die Beschaffenheit der Teilausdrücke oder ihre Verknüpfung ungewöhnlich ist, in denen aber die Grenze zwischen den Teilausdrücken besonders schlecht wahrnehmbar ist.

3. An der morphologischen Fuge stehen Buchstabenfolgen, die das Lesen erschweren (*Seeelefant* → *See-Elefant, Hawaiiinsel* → *Hawaii-Insel*) (§ 45 (4)).

4. Die morphologische Grenze zwischen den Teilausdrücken ist uneindeutig: *Druckerzeugnis* (→ *Druck-Erzeugnis* oder *Drucker-Zeugnis*; *Frauenkrimi-Preis, Frauen-Krimipreis*) (§ 45 (3))

5. Der Gesamtausdruck übersteigt eine gewisse Länge und ist daher schwer durchschaubar (*Arbeiterwohlfahrtversicherungsunternehmen* → *Arbeiterwohlfahrt-Versicherungsunternehmen*) (§ 45 (2)).

In allen Fällen ist der Bindestrich auf die lexikalische Autonomie der Teilausdrücke angewiesen. Er wird daher umso unakzeptabler, je enger die Beziehung zwischen den Teilausdrücken ist:

Magen-Darm-Grippe (Kopulativkompositum: Die Elemente *Magen* und *Darm* sind gleichgewichtig)
blau-grau (Kopulativstruktur: blau und grau); aber *blaugrau* (Determinativstruktur: ein bläuliches Grau)
?*Obst-Salat* (Determinativkompositum; das Elemente *Obst* differenziert die Bedeutung des Elements *Salat*)
*Knie-Beuge (Rektionskompositum; das Element *Knie* differenziert die Bedeutung des Elements *Beuge*; zusätzlich stehen *Knie* und *Beuge* in einer grammatisch engen Beziehung (*die Knie beugen*))

Wenig akzeptabel oder sogar unmöglich ist der Bindestrich in Konstruktionen, bei denen Erst- oder Zweitbestandteil innerhalb des Gesamtausdrucks keine transparente Semantik aufweist (*Früh-Stück, ?*Wellen-Sittich*). Fehlende Akzeptabilität liegt auch vor, wenn eine Wortzusammensetzung ein Fugenelement aufweist, wobei paradigmische Fugen (*?*Tage-Dieb*) akzeptabler sind als unparadigmische (*Geburts-Tag), also solche, die in keiner Wortform des entsprechenden Ausdrucks vorkommen.

Der Divis als Ergänzungsstrich
Der Ergänzungsstrich ist das Spiegelbild des Bindestrichs: Er besagt, dass die von ihm begrenzte Buchstabenfolge zwar wie ein syntaktisches Wort behandelt werden soll, was bedeutet, dass das syntaktische Parsing weiterlaufen kann, dass aber die lexikalische Kennung noch nicht vollständig ist. Sie muss nachträglich hergestellt werden. Man unterscheidet **Vorwärtstilgung** (1a) und **Rückwärtstilgung** (1b):

(1) a. Schulhefte und -bücher
 b. auf- und abbauen

Beim Konzept der Tilgung geht man davon aus, dass die Ausdrücke zugrundeliegend eine Vollstruktur aufweisen (also *Schulhefte und Schulbücher, aufbauen und abbauen*). Bei der Vorwärtstilgung, so wird angenommen, wird der weiter rechts liegende Bestandteil getilgt (2a'), bei der Rückwärtstilgung der weiter links liegende (2b'):

(2) a'. Schulhefte und ~~Schul~~bücher
 b'. auf~~bauen~~ und abbauen

Eine parallele Struktur gibt es bei Sätzen. Auch hier gibt es Vorwärtstilgungen (3a) und Rückwärtstilgungen (3b):

(3) a. Die Mäuse werden gejagt und ~~die Mäuse werden~~ gefangen.
 b. Die Mäuse mussten gejagt ~~werden~~ und gefangen werden.

Wie u. a. Gallmann (1985) festgehalten hat, ist bei Wörtern Vorwärtstilgung seltener als Rückwärtstilgung. Sie ist auch formal beschränkt (Bredel 2008). Bei Sätzen gilt das Umgekehrte: Hier ist die Rückwärtstilgung stärker beschränkt als die Vorwärtstilgung (Zifonun et al. 1997: 2372).

Diese Umkehrung der Verhältnisse klärt über die psycholinguistischen Verfahren beim Satzlesen und beim Wortlesen auf: Beim Satzlesen bleiben alle gelesenen Einheiten im Arbeitsspeicher und müssen daher bei einer Vorwärtstilgung einfach nur re-aktualisiert werden, um das passende Element neu aufzurufen.

Beim Wortlesen ist dies offenbar nicht der Fall. In die Worterkennung einbezogene Elemente sind für eine Mehrfachauswertung mehr oder weniger opak: Mehr oder weniger bedeutet hier, dass Stämme (re-)aktualisierbar sind, Derivationsmorpheme nicht. Deshalb sind Konstruktionen wie *Schulbücher und -hefte* möglich; hier wird der Stamm *Schul*, der bereits im Ausdruck *Schulbücher* vorhanden war, nachträglich dekomponiert und erneut aufgerufen; bei **aufwachen und -stehen* müsste hingegen der Morphembestandteil *auf* neu ausgewertet werden. Diese Konstruktion ist vom Sprachsystem und mithin vom Schriftsystem nicht lizenziert. Versuche, sprachsystematisch nicht mögliche Tilgungsstrukturen im Schriftsystem zu grammatikalisieren (vgl. historisch belegte Beispiele wie *üb- und lieblich*, Höchli 1981), konnten sich nicht durchsetzen.

Der Divis als Trennstrich
Links und rechts vom Trennstrich stehen Bestandteile, die weder lexikalisch noch syntaktisch spezifiziert sein müssen. Der Trennstrich kann zwar an Morphemgrenzen auftreten (*Messer-griff, bestehen*), er muss es aber nicht (*Mes-sergriff, beste-hen*).

Bei der Ermittlung der regelgerechten Trennstelle haben die meisten wahrscheinlich eine Regel wie die folgende im Kopf:
„Mehrsilbige [...] Wörter trennt man nach Sprechsilben, die sich beim langsamen Sprechen von selbst ergeben" (Duden [20]1991:R178; ähnlich auch AR 2006:§107). Für die Beispiele unter (1) ergeben sich die Trennstellen dann wie von selbst:

(1) Ga-bel, Trö-te, ord-nen, Fer-se

Schwieriger schon wird die Entscheidung bei Wörtern mit verdoppeltem Konsonantenbuchstaben. Zwar wissen kompetente Schreiber, dass wie in (2) getrennt wird, aus ‚langsamem Sprechen' ergibt sich dies aber nicht:

(2) Ham-mer, Kel-le, Klad-de, Trot-tel

Zu widersprüchlichen Ergebnissen gelangen wir bei Wörtern wie *Karpfen, widrig* oder *knusprig*. Bei langsamem Sprechen ergeben sich Grenzen wie in (3), geschrieben wird aber wie in (3').

(3) Kar-pfen   (3') Karp-fen
     wi-drig   wid-rig
     knus-prig   knusp-rig

Eine widerspruchsfreie Beschreibung der tatsächlichen Regularitäten für die Trennstelle kommt zunächst ohne einen Silbenbegriff aus (vgl. hierzu ähnlich Geilfuß-Wolfgang 2007; Neef 2008). Unterschieden werden müssen **morphologische Trennungen** (A) und **morpheminterne Trennungen** (B).

(A) Bei Komposita (Zusammensetzungen) und Wörtern mit Präfix: Trennung an Morphemgrenzen.

(4) Städte-tag, Orts-zeit, Auf-schnitt, Ver-trieb

(B) In allen anderen Fällen: Trennung zwischen Vokalbuchstaben, die Vokalen entsprechen. Dabei gilt: Stehen ein oder mehrere Konsonantenbuchstaben zwischen den Vokalbuchstaben, kommt einer und nur einer von ihnen auf die zweite Zeile (Beispiele (5) a-d mit aufsteigender Zahl von Konsonantenbuchstaben). Mehrgraphen (hier fett) werden wie Eingraphen behandelt.

(5)   Cha-os, **Ei**-er // Ha-se, h**au**-sen // lan-den, la-**ch**en // Karp-fen, Ta-**sche**

Beide Trennungen, die morphologische (A) und die morpheminterne (B), sind lesepsychologisch gut motiviert. Denn in beiden Fällen entsteht ein optimaler Zweitbestandteil: Bei der morphologischen Trennung kommt ein Morphem auf die zweite Zeile. Und Morpheme sind effiziente Sprachverarbeitungseinheiten. Dies scheint aber nur dann zu gelten, wenn die Morphemgrenze mit einer Silbengrenze zusammenfällt, weshalb die morphologische Trennung auf Stämme und Präfixe beschränkt ist und bei Suffixen nicht greift (*Lei-tung*, nicht: **Leit-ung*). Am leichtesten zu verarbeiten ist die Trennstelle dann, wenn sie an einer Stelle steht, an der sich sowohl eine Silben- also auch eine Morphem- als auch eine Wortgrenze befindet (leicht: *Schlüssel-bund*, schwerer: *Schlüs-selbund*) (vgl. Geilfuß-Wolfgang 2007).

Bei der morpheminternen Trennung entsteht auf der zweiten Zeile eine CV-Struktur (C = Konsonant, V = Vokal). Silben mit einem und nur einem Konsonanten im Anfangsrand gelten als **optimale Silben**. Sie kommen in allen Sprachen vor, sind überall die häufigsten und sind die ersten, die im Spracherwerb gelernt werden (vgl. hierzu Primus 2003, Hall 2000). Die schwierige Herausforderung für den Leser, während des lexikalischen Parsings einen Zeilensprung vorzunehmen, wird mit den optimalen Zweitbestandteilen also so gut wie möglich kompensiert.

Aufgaben 5
a) Ordnen Sie die folgenden Bindstrichschreibungen zunächst intuitiv nach ihrer Akzeptabilität. Überlegen Sie dann, welche Gesetzmäßigkeit den Schreibungen zugrundeliegt: *Das Auf-der-Hut-Sein, Willens-Erklärung, Opel-Werke, nicht-deutsche Herkunft, Bildungs-Ministerium, Schweine-Fleisch.*
b) Im ausgehenden 17. Jh. finden wir neben Trennungen wie *le-ben, mei-nes* auch solche wie *leb-en, mein-es* (vgl. Höchli 1981:159). Beschreiben Sie, welches Prinzip diesen Trennungen zugrundeliegt und überlegen Sie, warum sich diese Schreibpraxis nicht durchgesetzt hat.
c) Erstklässler neigen dazu, *A-ffe* und *Lö-ffel* zu trennen (Günther 2006). Versuchen Sie zu erklären, warum das so ist.
d) Vor 1996 gab es das Verbot der Trennung von <st>. Geschrieben werden musste: *Ki-ste, ro-sten, O-stern, Wü-ste* etc. Seit 1996 ist dieses Verbot aufgehoben. Getrennt wird nun: *Kis-te, ros-ten, Os-tern, Wüs-te*. Hätte es Gründe gegeben, die Trennung von *Kiste* und *rosten* zu ändern, die von *Ostern* und *Wüste* beizubehalten?

Grundbegriffe: lexikalisches Wort, syntaktisches Wort, etymologisches Wort, Bindestrich, Ergänzungsstrich, Trennstrich

Weiterführende Literatur: Bernabei (2003), Buchmann (2010, 2015), Gallmann (1989), Geilfuß-Wolfgang (2007), Günther (2006), Neef (2008)

5.2 Der Apostroph

Der Apostroph wird normalerweise als Auslassungszeichen definiert: „Mit dem Apostroph zeigt man an, dass man in einem Wort einen Buchstaben oder mehrere ausgelassen hat." (AR 2006:1211).

Für die unterschiedlichen Auslassungspositionen haben sich in der Theoriegeschichte die Begriffe Aphärese (Auslassung von initialen Bestandteilen, vgl. 1a, d-e), Synkope (Auslassung von internen Bestandteilen, vgl. 1b) und Apokope (Auslassung von finalen Bestandteilen, vgl. 1c) herausgebildet:

(1)   a   's ist Krieg! (Claudius)
      b   Ein inn'rer Trieb (Hagedorn)
      c   Ein Tanzbär war der Kett' entrissen (Lessing)
      d   Gut ist's, einen Wunsch zu hegen (Rückert)
      e   Jene sind's doch nicht (Günderrode)
      f   Wie schön lebt sich's im Müßiggang! (Sándor)

Versucht man, die Vollformen zu restituieren, d. h. den oder die „ausgelassenen Buchstaben" wieder einzufügen, ergibt sich für die genannten Beispiele folgendes Bild:

(2)   a   Es ist Krieg!
      b   Ein innerer Trieb
      c   Ein Tanzbär war der Kette entrissen
      d   Gut ist es, einen Wunsch zu hegen
      e   Jene sind es doch nicht
      f   *Wie schön lebt sich es im Müßiggang!

Während die Restitution in a-c problemlos gelingt, ergeben sich in d-f gewisse Probleme: Hier muss zusammen mit dem Einsetzen des ausgelassenen Buchstabens zusätzlich eine Wortfuge (also ein Leerzeichen) eingefügt werden. Das Auslassen des Buchstabens <e> hat in d-f ganz offenbar einen eigenen grammatischen Prozess ausgelöst: Der Wortrest <s> verhält sich nicht mehr wie ein (reduziertes) syntaktisches Wort, sondern tendenziell wie ein Flexiv. In f geht die grammatische Verselbständigung der reduzierten Form sogar so weit, dass die Restitution der Vollform unmöglich ist.

Der Fall, dass reduzierte Formen ein Eigenleben entwickeln, liegt regelhaft bei der Verschmelzung von Präpositionen mit Artikeln vor: *zu dem* → *zum, für das* → *fürs* etc. Vollform und reduzierte Form sind nicht bedeutungsgleich: *Er hat zu dem Politiker Vertrauen* vs. **Er hat zum Politiker Vertrauen*; *ins Reine schreiben* vs. **in das Reine schreiben* (vgl. hierzu umfassend Nübling 1992). Der Apostroph steht, wenn Präposition und Wortrest zu einem Zweisilber werden, ohne dass die entstehende Buchstabenfolge eine zweisilbige Struktur aufweist (Fehlen eines vokalischen Kerns in der zweiten Silbe): *auf'm* wg. **aufm*, *mit'm*, wg. **mitm*. Mit Auslassung hat das aber nur noch ganz entfernt zu tun.

Neben den besprochenen Fällen, bei denen die einfache Vorstellung der Auslassung bereits fragil geworden ist, finden wir Fälle wie unter (3).

(3) Platon'sche Theorien
Freud'scher Versprecher
Grimm'sche Märchen

Wenn überhaupt von einer Auslassung die Rede sein kann, kann nur eine i-Auslassung gemeint sein (*Platonische Theorie*), was jedoch beim **Freudischen Versprecher* und den **Grimmische Märchen* zu ungrammatischen Vollformen führt (vgl. Klein 2002).

Noch weiter entfernen wir uns von der Idee der Auslassung von Buchstaben oder Buchstabenfolgen in Fällen unter (4):

(4) Bernhard von Clairvaux' Redekunst
Ines' Geburtstag
Brutus' Rache

Wenn überhaupt kann es sich nur um die Auslassung einer grammatischen Kategorie (hier: Genitiv) handeln (vgl. auch Klein 2002:180). Für (5) stimmt auch das nicht mehr:

(5) PKW's, CD's
80'er Jahre

Hier wird die Grenze zwischen einer lexikalischen Form und einem Flexiv markiert. Diese Fälle ähneln der Bindestrichschreibung von Konstruktionen wie ¾-*Takt* (s. o.). Wie dort treffen auch hier Teileinheiten, die mit unterschiedlichen Schriftzeichen kodiert sind, aufeinander. Im Unterschied zum Bindestrich aber steht rechts vom Apostroph kein lexikalisches/syntaktisches Wort, sondern ein Funktionsmorphem.

Klein (2002) unterscheidet auf der Grundlage der hier unter (1) bis (5) dargestellten empirischen Apostrophvorkommen zwischen einem **Elisionsapostroph** (also einem Apostroph, der tatsächlich Auslassungen markiert, Prototypen sind die Fälle in 1, a-c) und einem **Stammformapostroph** (der Wörter morphologisch segmentiert, Prototypen sind die Fälle in (5)). Mit einem solchen Konzept können wir nicht ganz zufrieden sein: Denn das Ziel einer Beschreibung von Interpunktionszeichen soll es ja sein, für jedes Zeichen eine und nur eine Funktion herauszuarbeiten.

Ein Theorieangebot, das eine einheitliche Bestimmung vorsieht, liegt mit Bunčić (2004) vor. Er definiert den Apostroph überall als **Morphemgrenzenmarker**, auch dort, wo er auf den ersten Blick wie ein Auslassungszeichen aussieht: Bei Aphäresen und Apokopen ist diese Auffassung schnell verifiziert; denn hier fallen Auslassungsposition und Wort- und damit Morphemgrenze (trivialerweise) zusammen. Aber auch bei Synkopen fällt Bunčić zufolge die Auslassungsstelle immer mit einer Morphemfuge zusammen (vgl. *inn'rer*). Schlecht zu begründen ist die These von Bunčić, dessen Apostrophtheorie auf alle Sprachen zutreffen soll, in Fällen wie engl. *haven't* oder frz. *p'tit*. Bunčić macht hier Sprechgewohnheiten geltend und wertet solche Fälle als Ausnahmen.

Mit den Amtlichen Regeln (AR), mit Klein und mit Bunčić haben wir drei Apostrophkonzepte kennengelernt, die alle noch nicht ganz zufriedenstellend sind:

	Auslassung	morphologische Grenze
AR	+	
Klein	+	+
Bunčić		+

Tabelle 4: Ansätze zur Erfassung des Apostrophs

Ein alternatives Theorieangebot ergibt sich, wenn man den Apostroph nicht vom Schreiben, sondern vom Lesen aus rekonstruiert: Beim Lesen von Wörtern werden Buchstaben phonologische, prosodische, morphologische und syntaktische Informationen zugewiesen. Dabei kann sich der Leser normalerweise darauf verlassen, dass alle für die Worterkennung notwendigen Informationen auch tatsächlich ausgedrückt sind, er der gegebenen Buchstabenfolge also alles entnehmen kann, was er für die erfolgreiche Erschließung des Wortes braucht.

Der Apostroph steht überall dort, wo eine für den Dekodierprozess erforderliche Worteigenschaft nicht durch Buchstaben ausgedrückt ist. Er ist ein Joker für graphisches Material (*heil'gen*), für eine syntaktische Information (*Clairvaux'*) oder für eine Morphemgrenze (*CD's, sich's*).

Um ihn interpretieren zu können, muss der Leser einen **aktionalen Rollenwechsel** vornehmen: Er betätigt sich als Enkodierer und fügt diejenige Information hinzu, die er für die Rekonstruktion der vollständigen Wortinformation braucht. Der Apostroph zeigt ihm, dass und wo er das tun muss.

Der Vorteil gegenüber der Auslassungstheorie (AR) ist, dass auf das Fehlen von Informationen fokussiert wird, nicht auf ihr zugrundeliegendes Vorhandensein: Nicht alles, was fehlt, muss einmal da gewesen sein. Der Vorteil gegenüber der Morphemgrenzentheorie (Bunčić) ist, dass auch Fälle wie *haven't* etc. erfasst werden können. Der Vorteil gegenüber der Mischtheorie (Klein) ist eine monofunktionale Erfassung des Apostrophs. Der Vorteil für unsere Gesamttheorie ist, dass der Apostroph als Marker für einen Rollenwechsel (vom Enkodieren zum Rekodieren) profiliert werden konnte.

Aufgaben 6
a) Wie Höchli (1981) nachgewiesen hat, wird der Apostroph historisch nur zögerlich in die Interpunktionslehren aufgenommen. Sein „Gebrauch wird [...] bei manchen Autoren auf die Poesie eingeschränkt". (Höchli 1981:302) Welcher Zusammenhang besteht zwischen dem Apostroph und der Poesie?
b) *Deutschland, deine Apostroph's* von Bastian Sick ([11]2004:32) endet wie folgt: „Droht die totale Apostrophe? Der alles verheerende Häk'chen-Hagel? Oder stecken wir schon mittendri'n? Na dann pros't, du Volk der Dichte'r und Denke'r." Geben Sie auf der Grundlage des bisher Genannten an, warum Fehler wie *Bauer'n-Hof*, *Ampel'n*, *montag's* und *Zoo'eck* tatsächlich gemacht werden (Belege in Sick [2]2005:120), solche wie *mittendri'n*, *pros't*, *Dichte'r* und *Denke'r* aber (außer bei Sick) nicht belegt sind.

Grundbegriffe: Aphärese, Apokope, Synkope, Auslassungsmarker, Morphemgrenzenmarker, aktionaler Rollenwechsel

Weiterführende Literatur: Bredel (2008), Bunčić (2004), Gallmann (1989), Klein (2002)

5.3 Der Gedankenstrich

Um die Funktionsweise des Gedankenstrichs zu verstehen, ist ein Blick auf seine historische Entstehung nützlich. Bereits in Kap. 2.2 wurde er als historischer Spätzünder ausgewiesen – er wird erst im 18. Jh. standardisiert.

Zwei frühe Verwendungen des Gedankenstrichs sind für unsere Darstellung leitend:

Der Gedankenstrich tritt historisch als *virgula iacens*, als kleiner liegender Strich auf, der genau so wie der Trennstrich bei Wörtern funktioniert: Er verweist darauf, dass die Zeile nicht mit dem Satzende zusammenfällt. Sinnvoll ist eine solche Markierung in Systemen, in denen die Zeile im Normalfall den Satzschluss markiert (Schreibung *per cola und commata* (Parkes 1993)). Klein & Grund (1997:29) nennen diese Funktion Zeilenabschlussfunktion.

Eine zweite frühe Verwendungsweise finden wir in der wiedergegebenen Rede. Die Schreiber zeigen mit dem Gedankenstrich „hesitations" und „sudden changes in the direction of thought" (Parkes 1993: 93) in direkten Redezügen an. Der Zweck war „to recall particular features of spoken language" (ebd.). Klein & Grund (1997) sprechen von der Authentifizierungsfunktion.

Beide, die Zeilenabschlussfunktion und die Authentifizierungsfunktion, verweisen auf Prozessprobleme: Bei der Zeilenabschlussfunktion sind sie materiell verursacht (die Zeile ist zu kurz für den Satz), bei der Authentifizierungsfunktion mental (der zitierte Sprecher hat Planungs-/Formulierungsprobleme).

In beiden Fällen indiziert der Gedankenstrich einen Abbruch der gerade laufenden Aktivität, eine darauffolgende Umorientierung (Zeilen- oder Gedankenwechsel) und einen Neustart.

Im 18. Jh. beginnt der Gedankenstrich auch zeilenintern und redezugextern zu stehen und übernimmt diese Funktion überall: Der moderne Leser, der auf den Gedankenstrich trifft, muss eben diese drei Verarbeitungsschritte realisieren: **Abbruch – Umorientierung – Neustart** (Bredel 2002).

Diese Schritte können an unterschiedlichen Positionen im Verarbeitungsprozess in Gang gesetzt werden. Ganz analog zum Divis unterscheiden wir auf der Basis der Position, in dem der Gedankenstrich erscheint, einen Trenngedankenstrich (1), einen Bindegedankenstrich (2) und einen Ergänzungsgedankenstrich (3):

(1) Karl hatte das Geld – gestohlen.
(2) Was, ich? – Ja, du!
(3) Du bist ein –!

Der **Trenngedankenstrich** (1) bricht in eine syntaktische Verrechnungseinheit ein. Er verlangt vom Leser Abbruch – Umorientierung – Neustart *während* des syntaktischen Parsings, und zwar ohne auf dieses selbst Einfluss zu nehmen: Die syntaktische Struktur ändert sich ja nicht, wenn statt *Karl hatte das Geld gestohlen* notiert ist: *Karl – hatte – das – Geld – gestohlen* (Primus, mdl. Mitteilung).

Was nach dem Trenngedankenstrich steht, verlangt also keinen syntaktischen Neustart, sondern einen textuellen. Das Element nach dem Gedankenstrich ist eines, das im gegebenen Kontext nicht ohne Umdenken interpretierbar ist. Damit wird es zu einer nicht erwarteten Neuigkeit. In §82 der AR ist eben dieser Effekt beschrieben: „Mit dem Gedankenstrich kündigt man an, dass [...] man das Folgende als etwas Unerwartetes verstanden wissen will." Wie beim Trennstrich steht links und rechts vom Trenngedankenstrich weder eine vollständige Texteinheit noch eine vollständige Diskurseinheit.

Ein Sonderfall des Trenngedankenstrichs ist sein Vorkommen in Parenthesen (*Er saß – schon zehn Jahre lang – im Knast*). Hier müssen an beiden Parenthesefugen Abbruch – Umorientierung – Neustart erfolgen (zu Parenthesen siehe auch Kap. 7.1.3).

Der **Bindegedankenstrich** (2) steht zwischen Texteinheiten. Sprachverarbeitungstheoretisch gesprochen verlangt er vom Leser Abbruch – Umorientierung – Neustart *nach* dem syntaktischen Parsing oder besser zwischen zwei syntaktischen Parsingepisoden. Im gegebenen Beispiel muss ein Sprecherwechsel prozessiert werden, in anderen Zusammenhängen markiert der Bindegedankenstrich einen Themenwechsel (vgl. hierzu §83 der AR). Wie beim Bindestrich stehen links und rechts vollständige Texteinheiten – um eine Diskurseinheit handelt es sich aber noch nicht.

Der seit 1996 nicht mehr lizenzierte **Ergänzungsgedankenstrich** (3) bricht, wie der Trenngedankenstrich, in das syntaktische Parsing ein. Im Gegensatz zum Trenngedankenstrich wird jedoch nur eine Teilaktivität der Gesamtinstruktion des Gedankenstrichs aktiviert: der Abbruch. Umorientierung und Neustart werden durch die fehlende Fortsetzung blockiert. Konstruktion (3) verhält sich demnach – analog zum Ergänzungsstrich – wie eine vollständige Texteinheit, ohne eine zu sein.

Aufgabe 7
Einer der Untertitel des Duden von 1996 lautet: „Auf der Grundlage der neuen amtlichen Rechtschreibregeln." Mit Bezug auf §82 der amtlichen Regeln wird folgende Regel zum Gedankenstrich formuliert: „R36 Innerhalb eines Satzes kennzeichnet der Gedankenstrich eine *längere Pause*". (Hervorhebung im Original). Vergleichen Sie diese Regel mit §82 und versuchen Sie, die Abweichungen zu erklären.

Grundbegriffe: Zeilenabschlussfunktion, Authentifizierungsfunktion, Trenngedankenstrich, Bindegedankenstrich, Ergänzungsgedankenstrich

Weiterführende Literatur: Bredel (2002, 2008), Klein & Grund (1997), Parkes (1993)

5.4 Die Auslassungspunkte

Wie der Apostroph gelten die Auslassungspunkte traditionell als Marker für Auslassungen. AR (2006:§99): „Mit drei Punkten (Auslassungspunkten) zeigt man an, dass in einem Wort, Satz oder Text Teile ausgelassen worden sind." Als Beispiele werden u. a. folgende angegeben:

(1) Du bist ein ...!
(2) Scher dich zum ...!

Sieht man sich Beispiele wie unter (3) an, wird jedoch auch hier – wie schon beim Apostroph – die Tragfähigkeit des Auslassungskonzepts fraglich:

(3) a. und sie lebten glücklich und zufrieden bis an ihr Ende ...
　　 b. Interviewer: Und die Atomkraftwerke
　　　　 Politiker: ... die ich ja nie wollte

Nicht ganz leicht ist nach der gegebenen Beschreibung der AR auch zu verstehen, was die Auslassungspunkte vom Apostroph unterscheidet: Beim Apostroph sollen „Buchstaben oder mehrere" betroffen sein, bei den Auslassungspunkten u. a. Wortteile. Wurden in (4) und (5) mehrere Buchstaben oder ein Wortteil ausgelassen?

(4) Setzen S_ sich (fehlend: <ie>)
(5) Du A_! (fehlend: <rsch> oder <rschloch>)

Die Orthographie legt uns auf jeweils eines der Zeichen fest: In (4) ist nur der Apostroph zulässig: *Setzen S' sich* vs. **Setzen S... sich*, in (5) nur die Auslassungspunkte: *Du A...!* vs. **Du A'!*. Mit den bislang gegebenen Definitionen kann diese Entscheidung jedoch nicht begründet werden.

Im folgenden wird zunächst das Konzept der Auslassung diskutiert und mit Alternativen konfrontiert. Der in (4, 5) gezeigte Unterschied kann auf der Grundlage einer passenden Theorie der Auslassungspunkte aufgeklärt werden.

Meibauer (2007) unterscheidet vier Auslassungspunktfunktionen (alle Beispiele aus Meibauer 2007:33ff.):

1. Auslassungsfunktion:　Du bist eine fiese S...
2. Fortsetzungsfunktion:　Tack, tack, tack, ... So ging das die ganze Nacht.
3. Verbindungsfunktion:　[Werbung] Bei uns finden Sie
　　　　　　　　　　　　... laufend Sonderangebote
　　　　　　　　　　　　... immer gute Beratung.
4. Andeutungsfunktion:　Markus hat auf der Auktion eine goldene Corvette
　　　　　　　　　　　　ersteigert ...

Gemeinsam ist diesen Verwendungen, dass sie den Leser instruieren, an der mit den Auslassungspunkten gekennzeichneten Stelle sein Wissen zu aktivieren, um nicht ausgedrückte Informationen zu ergänzen – und dies auch dort, wo keine Auslassung erfolgt ist:

Auslassungs- und Andeutungsfunktion fordern vom Leser die **Aktivierung von Wissen**, das im Text nicht gegeben ist. Bei der Auslassungsfunktion geht es um sprachliches Wissen (z. B. das Wissen über Wörter wie *Sau* und Wissen darüber, dass diese in bestimmten Kontexten als Beschimpfung gebraucht werden). Bei der Andeutungsfunktion geht es um nicht-sprachliches Wissen. Der Leser aktiviert sein Wissen über den *normal course of events*, „Stereotypen über erwartbare Handlungsverläufe" (Meibauer 2007:35) und damit die Konsequenzen aus dem textuell gegebenen Wissen, die mit den Auslassungspunkten nur angedeutet sind.

Fortsetzungs- und Verbindungsfunktion fordern vom Leser die **Re-Aktivierung von Wissen**, das im Text gegeben ist: In beiden Fällen müssen bereits gelesene Einheiten neu aufgerufen werden. In beiden Fällen werden die reaktivierten Einheiten in die Position eingetragen, die die Auslassungspunkte gelassen haben. Dies führt bei der Fortsetzungsfunktion zu einem repetitiven Abarbeiten der sprachlich reaktivierten Ausdrücke, bei der Verbindungsfunktion zu einer Verknüpfung zwischen reaktiviertem und neuem Wissen.

Wir haben damit eine dem Apostroph vergleichbare Definition der Auslassungspunkte verfügbar: Die Auslassungspunkte stehen überall dort, wo der Leser Wissen hinzufügen muss, das an der Auslassungsposition nicht ausgedrückt ist. Der Leser nimmt einen **aktionalen Rollenwechsel** vor und wird vom Re- zum Enkodierer. Und auch hier kommt es nicht darauf an, ob das, was als fehlend markiert ist, einmal da war, so dass wie schon beim Apostroph die Auslassungsposition zu kurz greift. Im Unterschied aber zum Apostroph aktiviert der Leser bei den Auslassungspunkten nicht Formen (Buchstaben, grammatische Kategorien, Wortgrenzen), sondern Bedeutungen (Sprach-, Text- oder Weltwissen).

Das erklärt auch den Unterschied zwischen dem Apostroph (*Setzen S' sich*) und den Auslassungspunkten (*Du A...!*) (vgl. (4,5): In *Setzen S' sich* geht es um eine Formreduktion, in *Du A...!* um eine Bedeutungsreduktion.

Aufgaben 8
a) Klein & Grund (1997) beschreiben als mögliche Verwendung von Auslassungspunkten diejenige, die dem Nutzer eine im Hintergrund laufende Aktivi-

tät am Computer anzeigt. Welche der von Meibauer genannten Subfunktionen entspricht dieser Verwendungsweise?
b) Die Beschreibung der Auslassungspunkte ist seit ihrer Inventarisierung im Duden mehrfach verändert worden. Vergleichen Sie die folgenden Regelformulierungen und beschreiben Sie die wesentlichen Veränderungen:
1958 bis 1973: „Um den Abbruch einer Rede, das Verschweigen eines Gedankenabschlusses zu bezeichnen, verwendet man statt des Gedankenstrichs [...] besser drei Auslassungspunkte."
1980 bis 1986: „Drei Auslassungspunkte kennzeichnen den Abbruch einer Rede, das Verschweigen eines Gedankenabschlusses [...] Die Auslassungspunkte sind oft deutlicher als der gleichfalls mögliche Gedankenstrich [...]"
1991: „Drei Auslassungspunkte zeigen an, daß in einem Wort, Satz oder Text Teile ausgelassen worden sind [...] Beim Abbruch einer Rede kann an Stelle der Auslassungspunkte auch ein Gedankenstrich stehen."
AR 2006:§99: „Mit drei Punkten (Auslassungspunkten) zeigt man an, dass in einem Wort, Satz oder Text Teile ausgelassen worden sind." (Der Gedankenstrich wird hier nicht mehr erwähnt.)

Grundbegriffe: Auslassungsfunktion, Fortsetzungsfunktion, Verbindungsfunktion, Andeutungsfunktion, aktionaler Rollenwechsel

Weiterführende Literatur: Baudusch (1983), Bredel (2008), Klein & Grund (1997), Meibauer (2007)

5.5 Zusammenfassung

Divis, Apostroph, Gedankenstrich und Auslassungspunkte regulieren unterschiedliche Defekte des Wort- bzw. Textkörpers:
    Divis und Gedankenstrich, also die Zeichen mit dem Merkmal [¬VERT], instruieren den Leser zu diskontinuierlicher Verkettung von Buchstaben/Wörtern/Texteinheiten. Der Defekt, den sie markieren, ist **reversibel**: Das Material, das zur Behebung erforderlich ist, ist im Umgebungstext verfügbar. Im Gegensatz dazu ist der vom Apostroph und von den Auslassungspunkten, also den [+VERT] Zeichen, angezeigte Defekt tendenziell **irreversibel**: Das Material, das zur Behebung erforderlich ist, wird im Umgebungstext meist nicht zur Verfügung gestellt (beim Apostroph nie). Der Leser ändert seine Rolle: Er wird vom Rekodierer zum Enkodierer.
    Die Domäne, wird von dem Merkmal REDUPLIKATION vorausgesagt: Die [¬REDUP] Zeichen sind Wortzeichen, die [+REDUP] Zeichen sind Textzeichen. Mit anderen Worten: Was die nichtreduplizierten Zeichen auf der Wortebene leisten, leisten die reduplizierten auf der Textebene.

6. Kommunikative Zeichen

Als kommunikative Zeichen gelten Fragezeichen <?>, Ausrufezeichen <!>, Anführungszeichen <„"> und Klammern <( )>. Im Spanischen bilden sie auch eine graphotaktische Klasse. Denn dort sind nicht nur Anführungszeichen und Klammern, sondern auch Frage- und Ausrufezeichen paarig (vgl. Kap. 2.1).

Die kommunikativen Zeichen weisen Schreibern/Lesern vom Default abweichende Rollen zu (Kap. 4.3). Dabei sind verschiedene Rollendimensionen betroffen, und zwar in Abhängigkeit davon, auf welcher Domäne die Zeichen operieren:

Frage- und Ausrufezeichen verweisen als nicht-reduplizierte Zeichen auf Sätze (Kap. 4.3).

Sätze, genauer: Aussagesätze gelten seit jeher als epistemische Einheit par excellence: Sie sind wahrheitswertbestimmt. Der Sprecher/Schreiber, der einen Satz äußert, verfügt über diese Wahrheit. Er gilt als Wissender, der dem Hörer/Leser als Nicht-Wissendem Wahrheitswerte übermittelt. Diese epistemische Rollenkonstellation gilt im Schriftverkehr als Default. Ändert sie sich, stehen Frage- oder Ausrufezeichen.

Klammer und Anführungszeichen verweisen als reduplizierte Zeichen auf textuelle Eigenschaften (Kap. 4.3). In Texten haben wir es nicht mit epistemischen, sondern mit interaktionalen Subjekten zu tun. Zu Wort kommen können Autoren, Erzähler, Figuren etc. mit entsprechenden Dialogpartnern (expliziter Leser, impliziter Leser, Dialogfigur etc.). Wie zu zeigen sein wird, sind Klammern und Anführungszeichen in die Steuerung der interaktionalen Rollenorganisation eingespannt. Sie antworten auf die Frage: Wer spricht?

6.1 Frage- und Ausrufezeichen

Die doppelte Bestimmung von Frage- und Ausrufezeichen, einmal als „Satzzeichen" (Merkmal [¬REDUP]), einmal als kommunikative Zeichen (Merkmal [+VERT]) hat in der Geschichte ihrer Beschreibung zu verschiedenen Missverständnissen geführt. Das folgenreichste davon, das bis zur Reform im Duden stand und noch immer in Schulbüchern steht, ist, dass das Fragezeichen nach einem „direkten Fragesatz", das Ausrufezeichen „nach direkten Aufforderungs- bzw. Befehlssätzen und nach Wunschsätzen" (Duden [20]1991:29 und 24) stehe. Was ist falsch an dieser Auffassung?

Der „direkte Fragesatz" ist eine syntaktische Kategorie und als solche eine bestimmte, formal definierte Satzart. Unterschieden werden **W-Fragen** (1) und **V1-Fragen** (2):

(1) Was machst du denn hier?
(2) Ist das Wetter schön?

Auch der „Aufforderungs-/Befehlssatz" ist formal definiert, als Satz mit einem **Imperativ** (3):

(3) Komm jetzt endlich!

Als „Wunschsätze" gelten **Optative**:

(4) a. Hätten sie doch das Spiel gegen Spanien gewonnen!
    b. Möge es beim nächsten Mal gelingen!

Das Auftreten von Frage- und Ausrufezeichen wird also an das Auftreten von syntaktisch definierten Satzarten geknüpft. Und obwohl diese Zuordnung auf den allerersten Blick einleuchtend erscheinen mag, weil hier tatsächlich Prototypen erfasst sind, ist sie schnell widerlegt. Denn die Satzart ist weder notwendige (5) noch hinreichende Bedingung (6) für das Setzen des Frage- oder Ausrufezeichens:

(5) a. Karl kommt schon wieder zu spät? (Aussagesatz mit Fragezeichen)
    b. Karl kommt schon wieder zu spät! (Aussagesatz mit Ausrufezeichen)
(6) a. Was erlauben Sie sich! (Fragesatz mit Ausrufezeichen)
    b. Füllen Sie die roten Felder aus. (Aufforderungssatz mit Punkt)

Die Reformer von 1996 haben zurecht Korrekturbedarf bei der Regelformulierung gesehen. In § 70 der AR 1996 heißt es: „Mit dem Fragezeichen kennzeichnet man den Ganzsatz als Frage." Das Ausrufezeichen wird wie folgt erfasst: „Mit dem Ausrufezeichen gibt man dem Inhalt des Ganzsatzes einen besonderen Nachdruck wie etwa bei nachdrücklichen Behauptungen, Aufforderungen, Grüßen, Wünschen oder Ausrufen." (§ 69) Das Neue an diesen Darstellungen ist, dass Frage- und Ausrufezeichen unabhängig von der Spezifik der Konstruktion, die sie markieren, beschrieben werden. Man kann also, so die Vorschrift, beliebige „Ganzsätze" und nicht nur „direkte Fragesätze" *als* Frage kennzeichnen. Beim Ausrufezeichen ist die Bindung an eine Satzart noch weitergehend aufgegeben: Als kommunikative Funktion des Ausrufezeichens gilt nicht das Auffordern oder Wünschen, sondern das Merkmal „Nachdruck" (zu den Begriffen „Frage" und „Nachdruck" s. u.).

Erst jetzt, nach der Befreiung der Zeichen von bestimmten Satzarten, wird das zweite Missverständnis sichtbar, das fast in allen Theorieansätzen in dieser Weise auftritt: Die Knüpfung des Frage-

und des Ausrufezeichens an den „Ganzsatz" und damit die Auffassung, Punkt, Frage- und Ausrufezeichen seien Satzschlusszeichen (stellvertretend für viele andere Baudusch (2000:235): „Zu den Satzschlusszeichen gehören der Punkt, das Fragezeichen und das Ausrufezeichen").

Die Beispiele in (7) bis (14), die Baudusch (2000:238) auf der Grundlage ihrer Theorie für „inkonsequent" hält, zeigen nun erhebliche Asymmetrien zwischen dem Punkt einerseits und Frage- und Ausrufezeichen andererseits, die es erforderlich machen, hier nach neuen Definitionen zu suchen:

(7) Sie hatte 1,5 (!) Promille im Blut.
    Er hatte siebzehn (?) Kinder.
    *Der hat (.) doof ausgesehen.

(8) Die ständige Frage warum? nervt.
    Sein Ach! schreckte alle auf.
    *Kein Stehenbleiben. hielt ihn auf.

(9) „Du kommst?", fragte Jakob.
    „Das sitzt!", freute sich Marta.
    *„Ich warte.", beruhigte sie ihn.

(10) Hat er gefragt: „Wie spät ist es?"?
     Einmal noch: „Komm sofort!"!
     *Er sagte: „Ich hole Brot.".

(11) Goldfund? (Überschrift)
     Goldfund! (Überschrift)
     Goldfund. (Überschrift)

(12) Er lag – ihm war kalt? – im Bad.
     Er lag – ihm war kalt! – im Bad.
     *Er lag – ihm war kalt. – im Bad.

(13) Es war Friedrich II.?
     Es war Friedrich II.!
     *Es war Friedrich II..

(14) Was??
     Doch!!
     *Nein..

Zwar scheinen Frage- und Ausrufezeichen, wenn sie nicht wie in (7) geklammert sind (vgl. dazu Kap. 6.3), konstruktionsschließend wirksam zu sein. Die Schließung gilt jedoch nur lokal, d. h. für diejenigen Ausdrücke, auf die die von Frage- und Ausrufezeichen ausgehende kommunikative Funktion (vorläufig: Frage, Nachdruck) angewendet werden muss. Die Frage- und Ausrufezeichenkonstruktionen selbst können als Satzglieder in eine Trägerstruktur integriert sein (vgl. (8)). Gallmann (1985:178) spricht davon, dass Ganzsatzwertigkeit als „innere Eigenschaft" gegeben sei. Es ist aber fraglich, ob man den ohnehin nirgends klar definierten Ganzsatzbegriff so weit ausdehnen will – oder ob er hier nicht zirkulär gebraucht wird, also angenommen wird, *warum* und *Ach* in (8) seien ganzsatzwertig, weil sie mit dem Frage-/Ausrufezeichen markiert sind.

Klar geworden sein dürfte, dass Frage- und Ausrufezeichen anders als der Punkt behandelt werden müssen. Ihre kommunikative Funktion muss überall angezeigt werden, wo sie realisiert werden soll (vgl. 9, 10, 11, 12, 13). Sie kann zusätzlich intensiviert werden (vgl. 14). Der Punkt steht hingegen nur dort, wo die syntaktische Struktur nicht durch andere (graphische oder typographische) Mittel sichtbar gemacht wird (Graphotaktische Sonderbedingung, s.u.).

Auf der Grundlage dieses Befundes wird es nun darum gehen zu ermitteln, welche kommunikative Funktion genau von Frage- und Ausrufezeichen ausgeht: Primus (1997) spricht von der Markierung des **Satzmodus** (ähnlich bereits Gallmann (1985), der von „Satzintention" spricht), Ossner (1998) von der **illokutiven Kraft** von Frage- und Ausrufezeichen. Dem Konzept von Rehbein (1999) zufolge ist der **Äußerungsmodus** betroffen. Es wird sich zeigen, dass dieses dritte Konzept für uns besonders attraktiv ist.

Das Fragezeichen
Primus (1997) vertritt die Auffassung, Frage- und Ausrufezeichen markierten den Satzmodus, also die (formal ausgedrückte) Einstellung zu einem gegebenen Satzinhalt. Die Autorin erfasst den Satzmodus als multifaktoriellen Begriff, der sich durch das Auftreten bestimmter sprachlicher Eigenschaften ergibt. Dazu gehören Primus zufolge: Modus des finiten Verbs (Indikativ/Konjunktiv/Imperativ), Verbstellung (V1, V2, V-letzt), das Vorkommen von bestimmten Partikeln sowie Intonation/Interpunktion. „Wenn alle einen bestimmten Satzmodus (z. B. Fragesatz) definierenden Eigenschaften zusammen auftreten", so Primus (1997:467), „erhält man einen Repräsentanten des Begriffszentrums [...]."

Das Problem dieses Ansatzes ist, dass die Interpunktion, die ja erklärt werden soll, zu einem Teil der Definition wird: Ist kein anderes Merkmal positiv spezifiziert, sondern nur das Fragezeichen gegeben, führt dies zum Satzmodus Frage.

In anderen Satzmodustheorien (Lohnstein 2000, Reis 1990) gelten nur satzinterne, strukturelle Eigenschaften von Sätzen als satzmodusprägend. Ein guter Indikator dafür, ob satzmodal eine Frage vorliegt, ist das Auftreten der Partikel *denn*. Ist *denn* lizenziert, handelt es sich um den Satzmodus Frage, darf *denn* nicht stehen, nicht. Sehen wir uns also mögliche Fragezeichenkonstruktionen an (15) und machen die denn-Probe (16):

(15) Was hast Du? (W-Frage)   (16) Was hast du denn?
     Ist es kalt? (V1-Frage)   Ist es denn kalt?
     Hans schläft? (Deklarativfrage)   *Hans schläft denn?
     Du hast was geholt? (Echofrage)   *Du hast denn was geholt?

Die denn-Probe zeigt, dass **Deklarativfragen** und **Echofragen** nicht den Satzmodus Frage aufweisen. Weil sie aber mit Fragezeichen stehen können, kann der Satzmodus als notwendige Bedingung für das Setzen des Fragezeichens ausgeschlossen werden. Die Beispiele in (17) zeigen, dass der Satzmodus Frage auch keine hinreichende Bedingung für das Auftreten des Fragezeichens darstellt.

(17) Wie sieht es denn hier aus! Was erlauben Sie sich denn!

Wichtig an der Herleitung von Primus bleibt aber die Prototypenzugangsweise: Je mehr Merkmale eine Konstruktion aufweist, die für eine Frageinterpretation sprechen, desto wahrscheinlicher ist das Fragezeichen. Wir kommen darauf zurück.

Prüfen wir nun, ob die von Ossner (1998) gegebene Bestimmung, das Fragezeichen markiere die Illokution von Äußerungen, weiterhilft. Unter einer Illokution versteht man das Handlungspotenzial einer Äußerung. So wird mit *Dort würde ich hingehen* ein Rat gegeben, mit *Ich bringe Dir das Buch heute* ein Versprechen (Searle 1969 (1983)). Ossner zufolge markiert das Fragezeichen die Illokution Frage. Die wesentliche Regel für das Fragen ist nach Searle (1969 (1983):102) die folgende: „[Die Frage] gilt als Versuch, H diese Information [die die in der Frage ausgedrückte Wissenslücke füllt, U. B.] zu entlocken"; der Hörer ist der nächste Handelnde. Er gibt eine Antwort, die die fragliche Information enthält.

Diese, nicht an bestimmte Formen gebundene Definition kann die Fragezeichenvorkommen in den bislang genannten Fällen unter (15) erfolgreich erklären. Auch die Beispiele unter (17) stellen kein Problem dar, denn mit den dort geäußerten Sprechakten will der Sprecher dem Hörer keine Informationen entlocken. Problematischer wird es mit der sog. **rhetorische Frage** (18). Sie gilt illokutiv als Behauptung, fordert aber das Fragezeichen:

(18) Wer will das schon?

Schwierig unterzubringen ist auch die sog. **indirekte Aufforderung** (19). Sie weist ein Fragezeichen auf, illokutiv handelt es sich aber um eine Aufforderung.

(19) Kannst Du mir das Salz reichen?

In beiden Fällen ist die Folgehandlung nicht eine hörerseitige Antwort. In (18) ist der Hörer gar nicht der nächste Handelnde – in (19) gibt er keine Antwort; er realisiert das in der Frage benannte Ereignis.

Rehbein (1999) identifiziert das Fragezeichen als Markierung des von ihm so genannten Äußerungsmodus. Grob gesprochen definiert der Äußerungsmodus die epistemischen Rollen von Sprecher und Hörer, die festlegen, wie der propositionale Gehalt einer Äußerung verarbeitet wird. Der Äußerungsmodus Frage selegiert den Sprecher als Nicht-Wissenden, den Hörer als Wissenden, kehrt also die normale Rollenkonstellation (Sprecher = Wissender, Hörer = Nichtwissender) um.

Mit dem Konzept der gegenüber dem Default umgekehrten Wissensrelation kann das Auftreten des Fragezeichens in allen bisher genannten Fällen, auch in (18) und (19), erklärt werden: Bei rhetorischen Fragen wird der Hörer dazu veranlasst, eine Wissenssuche vorzunehmen; dadurch wird der in der rhetorischen Frage vermittelte Wahrheitswert zu einem, der vom Hörer aufgefunden worden ist (Öhlschläger 1988). Bei der sog. indirekten Frage wird die darin enthaltene Aufforderung zugunsten einer Befragung der Fähigkeit, x zu tun, zurückgestuft; vor der Ausführung der Handlung soll der Hörer also prüfen, ob er dazu in der Lage ist – eine Form der Höflichkeit (Rehbein 1999).

Das Fragezeichen instruiert den Leser, die Rolle des Wissenden einzunehmen und in dieser Rolle nach dem Wissenselement zu suchen, das dem Schreiber fehlt, und das unabhängig von der Konstruktion, die es markiert. Es gilt aber zugleich der von Primus herausgearbeitete Bezug zur Prototypizität: Je mehr Eigenschaften der sprachlichen Konstruktion selbst darauf hinweisen, dass der Leser der Wissende sein soll, desto wahrscheinlicher ist das Fragezeichen.

Das Ausrufezeichen
Auch für das Auftreten des Ausrufezeichens gibt es mehrere Erklärungsansätze. Die zwei häufigsten wurden mit dem Konzept des Duden ([20]1991) und den Amtlichen Regeln 1996 bereits angesprochen. Beim Duden ist das Ausrufezeichen **sprechhandlungssensitiv** (Wunsch, Befehl, Aufforderung), bei den Amtlichen Regeln ist es **sprechersensitiv** (Nachdruck).

Die Annahme, dass das Ausrufezeichen sprechhandlungssensitiv ist, ist gleichbedeutend damit, dass es bestimmte Illokutionen markiert. Diskutiert werden soll diese Auffassung an den direktiven Sprechhandlungen (Befehl/Aufforderung). Searle (1969 (1983): 100) zufolge gilt die Aufforderung „als ein Versuch, H dazu zu bringen, A zu tun". Angesprochen sind Fälle wie „Komm endlich her!" oder „Stillgestanden!".

Nun können wir aber die Beobachtung machen, dass das Ausrufezeichen bei Aufforderungen nicht stehen muss, dass es sogar in manchen Fällen weniger akzeptabel ist (vgl. 20b) als der Punkt (vgl. 20a).

(20) a. Füllen Sie die roten Felder aus.   Unterstreiche die Verben.
       b. Füllen Sie die roten Felder aus!   Unterstreiche die Verben!

Das Ausrufezeichen scheint in irgendeiner Weise auf den angenommenen mentalen Zustand des Adressaten zu reagieren: In (20a) geht der Schreiber davon aus, dass der Adressat darauf eingestellt ist, A zu tun. In (20b) ist das nicht der Fall. Das Ausrufezeichen will ihn vielmehr davon abbringen, A nicht zu tun.

Das Akzeptabilitätsurteil dreht sich um, wenn wir die Äußerungen selbst negieren (vgl. 21a, 21b):

(21) a. Füllen Sie die roten Felder nicht aus.   Unterstreiche die Verben nicht.
     b. Füllen Sie die roten Felder nicht aus!   Unterstreiche die Verben nicht!

Das Ausrufezeichen, so der erste Befund, reagiert nicht auf Illokutionen. Das bemerkt auch der Duden ([20]1991). Denn als Ergänzungsregel zu seiner Hauptregel (s. o.) ist angegeben: „Kein Ausrufezeichen steht jedoch nach Aufforderungssätzen […], die ohne Nachdruck gesprochen [sic!] werden." (Duden [20]1991:24) Diese Beobachtung aufgreifend haben die Amtlichen Regeln das Merkmal „Nachdruck" zum Hauptmerkmal für das Setzen des Ausrufezeichens gemacht; Illokutionen werden dort nur noch als beispielhafte Konstruktionen genannt (s. o.).

„Nachdruck" ist kein sprachliches Merkmal, sondern ein Sprechermerkmal. Wer eine Äußerung „mit Nachdruck" äußert, gibt ihr – unabhängig von ihrer Form oder ihrer Semantik – eine besondere Wichtigkeit oder Dringlichkeit.

In (20) und (21) konnten wir sehen, dass die Dringlichkeit/ Wichtigkeit nicht vom verbalisierten Sachverhalt ausgeht, sondern von der angenommenen Voreinstellung des Adressaten, die mit dem Ausrufezeichen korrigiert wird. Das Merkmal „Nachdruck" ist demnach nur ein Effekt der dem Ausrufezeichen zugrundeliegenden Funktion, die Vorgeschichte einer Äußerung außer Kraft zu setzen und *an ihre Stelle* neues Wissen, neue Handlungspläne oder neue Konstellationen zu setzen.

Je nachdem, ob **Wissen**, **Handeln** oder **Konstellation** überschrieben werden und in Abhängigkeit davon, ob von dem Umschlagpunkt der Produzent (P) oder der Rezipient (R) oder beide (P/R) betroffen sind, ergeben sich die folgenden Ausrufezeichenverwendungen (nach Bredel 2008):

	Handlung	Konstellation	Wissen
R	Direktiv	⚠	Deklarativ
	Komm!	*!!! Wichtig !!!*	*Hans schläft!*
P	Entscheidungs-	Exklamativ	Optativ
	bekundungen	*Heureka! Uaahhhh!*	*Wäre sie doch hier!*
	Ich geh jetzt!	*Hurra! Igitt!*	Frage
		Ist der aber groß!	*WIE alt ist der?!*
P/R	Adhortativ	Begrüßen, Bedanken,	Entdeckungsbekundungen
	Lass uns gehen!	Beglückwünschen ...	*Das ist ja Betrug!*
		Hallo! Danke! Viel Glück!	

Tabelle 5: Ausrufezeichenverwendungen

Die wichtigste, alle Fälle zusammenfassende Eigenschaft des Ausrufezeichens ist, dass der Schreiber durch die ausdrückliche Aufhebung des in der Vorgeschichte Geltenden explizit in die Wissens-/Handlungs-/Konstellationssteuerung eingreift. Und auch hier gilt: Je mehr Merkmale der Konstruktion auf einen expliziten Eingriff in das Wissen, die Handlungsplanung oder die Konstellation verweisen, desto wahrscheinlicher ist das Ausrufezeichen.

Der direkte Eingriff in die **epistemische Verarbeitung** von Äußerungen ist nun auch das, was Frage- und Ausrufezeichen gemeinsam ist. Sie ändern die normale (und damit unmarkierte) epistemische Basiskonstellation zwischen Schreiber und Leser. Das Fragezeichen macht den Leser zum *Wissenden*, das Ausrufezeichen macht ihn zum *ausgezeichneten Nicht-Wissenden*.

Aufgaben 9
a) Frage- und Ausrufezeichen treten auch miteinander auf. Sie können das aber nicht überall. Erklären Sie, warum die Kombination von Frage- und Ausrufezeichen in (1) möglich ist, in (2) aber nicht.
(1) Wie alt ist der?!
(2) *Wie alt ist der eigentlich?!
Ein Zeichen, das im Deutschen nicht verwendet wird, ist der Interrobang, eine Kombination aus Frage- und Ausrufezeichen <?>. Entwerfen Sie Konstruktionen, bei denen Sie den Interrobang verwenden würden.
b) Der neunjährige Jakob schreibt:
```
Ein tag mit George Lucas
Ich würde gerne von im wiesen: Wie viele Filme er prodoziert hat?
Wie er als Regisehor ist? (Ich würde gerne mit ihm nach Holywood
fahren und dort mich über Filme informieren.) Dann würde ich in
fragen: Wie er zu den Ideen für die Drehbücher kam?
```
Erklären Sie das Fragezeichenkonzept von Jakob und überlegen Sie, welche Lernhilfe Sie ihm anbieten würden.
c) Erste Fragezeichen sind seit dem 9. Jh. belegt. Ihre Form weicht jedoch von der heutigen ab. Sie sehen etwa so aus: ⌐
Überlegen Sie, warum sich das Fragezeichen aufgerichtet hat. Beziehen Sie dabei graphotaktische Überlegungen ein.
d) Erläutern Sie, warum die meisten Handlungsanweisungen in Lernmaterialien ohne Ausrufezeichen stehen.

Grundbegriffe: Frage, Nachdruck, Satzmodus, Satzart, Illokution, Äußerungsmodus, epistemischer Rollenwechsel

Weiterführende Literatur: Bredel (2008), Lohnstein (2000), Meibauer (2001) Ossner (1998), Primus (1997), Rehbein (1999), Reis (1990), Simmler (1994)

6.2 Anführungszeichen

(1) Begeistert von den Fotographien rief er: „Künstler!"
(2) Max war ein „Künstler".

Die Beispiele (1) und (2) zeigen zwei auf den ersten Blick ganz unterschiedliche Anwendungsbereiche der Anführungszeichen. Im Folgenden soll gezeigt werden, dass nicht verschiedene Funktionen vorliegen, sondern zwei Spielarten derselben Funktion.

Die Grundlage für diesen Nachweis liefern die Arbeiten von Klockow (1978; 1980). Er unterscheidet zwischen einer konventionellen (1) und einer modalisierenden (2) Anführungszeichenverwendung.

Gemeinsam sei beiden, dass „durch die AZ [= Anführungszeichen, U. B.] die volle Verantwortung für den markierten Teil der Äußerung zurückgewiesen [wird]" (Klockow 1978:15).

Als Unterscheidungskriterium gilt die Vorhersagbarkeit der Anführungszeichen: Bei der konventionellen Verwendung liegen spezifische Bedingungen vor, die die Anführungszeichen erzwingen. Umgekehrt heißt das, dass ihr Fehlen ein orthographischer Fehler, schlimmstenfalls einer mit rechtlichen Folgen ist; dann etwa, wenn ein Autor eine Passage eines anderen Autors wörtlich wiedergibt, ohne dies zu kennzeichnen (Klockow 1980:20).

Der modalisierende Anführungszeichengebrauch ist nicht vorhersehbar. Werden modalisierende Anführungszeichen weggelassen, ergibt sich eventuell ein anderer Sinn, ein orthographischer Fehler entsteht aber nur dann, wenn der angeführte Ausdruck selbst fehlerhaft ist (*das ist „kuhl"*; **das ist kuhl*).

Sowohl in der Schriftgeschichte als auch in der Schrifterwerbsgeschichte tritt der konventionelle Anführungszeichengebrauch früher auf als der modalisierende (Klein 1998; Bredel 2008), weshalb wir unsere Beschreibung mit diesem Anführungstyp beginnen. Die modalisierenden Anführungszeichen werden sich als eine **Grammatikalisierung** der konventionellen erweisen.

Die konventionellen Anführungszeichen
Die konventionellen Anführungszeichen werden gebraucht, wenn und weil wir nicht nur in der gesprochenen Sprache, sondern auch in der Schrift mit verschiedenen Stimmen agieren können. Der einfachste Fall ist die direkte Rede, bei der eine Fremdrede wörtlich in die Verfasserrede integriert wird. Der Leser einer angeführten Passage weiß, dass nicht er, sondern der Ansprechpartner aus der wiedergegebenen Redesituation der Adressat ist. Verfasser und Leser blicken gemeinsam auf die Fremdsituation. Das heißt u. a., dass die

Ausdrücke, die in der direkten Rede gebraucht werden, nicht im Verfasser-Leser-System, sondern im in den Text integrierten Sprecher-Hörer-System ausgewertet werden. So referiert ein Ausdruck wie „morgen", wenn er in der direkten Rede gebraucht wird, nicht auf das Morgen von Verfasser/Leser, sondern auf das Morgen des integrierten Sprecher-Hörer-Systems. Der Ausdruck „ich" in der direkten Rede, meint nicht den Verfasser, sondern den integrierten Sprecher etc. (zu den referenziellen Bezügen in Redeimporten vgl. im einzelnen Plank 1986).

Den historischen Ausgangspunkt für die Entstehung der Anführungszeichen bildet im 6./7. Jh. die diple, ein pfeilförmiges Zeichen in der Marginalie, das auf Bibelzitate verweist, auf die sich der Verfasser des Trägertextes beziehen:

In der sogenannten diple (>) (grch. diplh ‚doppelt') haben wir zweifellos die Urform unserer heutigen Anführungszeichen. Das Zeichen ist ikonischen Ursprungs. Es war wohl ursprünglich ein Pfeil am Rande des Textblocks, der auf eine bestimmte Stelle wies und mit der Zeit graphisch abstrahiert wurde ([...] → ⟩ › >). (Klein 1998:179)

Zusammen mit der graphischen Abstraktion und der graphotaktischen Anpassung (also dem Auftreten im Zeileninneren, das im 16./17. Jh. beginnt (Klein 1998)) wird auch die Funktion der Anführungszeichen abstrakter. Sie verweisen zunehmend nicht mehr nur auf „quotations from the Fathers themselves" (Parkes 1993:58), sondern auf beliebige Zitate, um dann weiterführend beliebige, also auch nicht zitierte, sondern konstruierte Fremdstimmen in Texten zu markieren. Den Import von Fremdstimmen in eine Trägerstruktur nennt Klockow (1980) zusammenfassend **P-Zitat** (pragmatisches Zitat).

Erfasst von den Anführungszeichen werden dann in einem weiteren Schritt **Werktitel** (*Schillers „Die Räuber"*). Auch sie weisen – wie das P-Zitat – fremde Urheberschaft auf, auch wenn man beim Aufrufen von Titeln nicht mehr vom Import einer Fremdstimme sprechen will. Wichtig ist vielmehr, dass die angeführten Ausdrücke – wie bei der Fremdrede – eine referenzielle Umdeutung erfahren: Mit „Die Räuber" wird nicht auf eine Personengruppe verwiesen, sondern auf ein Drama.

Noch abstrakter wird die Verwendung der konventionellen Anführungszeichen, wenn sie zur Kennzeichnung metasprachlich gebrauchter Ausdrücke wie in *„Brief" hat fünf Buchstaben* verwendet werden, die Klockow (1980) **L-Zitat** (logisches Zitat) nennt. Mit dem Ausdruck „Brief" wird nicht – wie noch bei den Werktiteln –

auf eine Entität verwiesen, die außerhalb des angeführten Ausdrucks steht, sondern auf den angeführten Ausdruck selbst, konkreter auf seine Form:

(3) Brief → ✉
  „Brief" → Brief

Die Geschichte der konventionellen Anführungszeichen, vom P-Zitat über Werktitel zum L-Zitat erweist sich als zunehmendes Eindringen der Schrift in das semiotische System der Sprache mit den Dimensionen **lokutives System** (Sprechersystem), **referenzielles System** (Verweissystem) und **propositionales System** (Bedeutungssystem):

In einem ersten Schritt indizieren die Anführungszeichen, dass das Sprechersystem des Trägertextes außer Kraft gesetzt ist (P-Zitat) und so der gesamte Redezug samt seines Wahrheitswerts in einem anderen (dem integrierten) Sprechersystem ausgewertet werden muss.

In der Weiterentwicklung springt die Anführung über auf das referenzielle System (Werktitel). Der angeführte Ausdruck muss auf ein Referenzsystem bezogen werden, das von dem der Trägerstruktur abweicht.

In einem dritten Schritt wird angezeigt, dass die Bedeutung eines angeführten Ausdrucks keine Geltung mehr hat (L-Zitat). Er gilt als Exemplar seiner selbst.

Gemeinsamkeiten weisen P-Zitat, Werktitel und L-Zitat in der formalen Struktur auf. P-Zitat und Werktitel bringen ihre eigene Syntax aus der Primärquelle mit, passen also auch syntaktisch nicht zur Trägerkonstruktion. Und auch das L-Zitat verhält sich syntaktisch gegenüber der Trägerkonstruktion autonom. Dazu gehören u. a. folgende Eigenschaften: L-Zitate werden wie Singularformen behandelt, selbst wenn sie im Plural stehen (*„die Trümmern" ist nicht hochsprachlich* vs.**„die Trümmern" sind nicht hochsprachlich*); sie sind nicht reflexivierbar (*Hans schreibt „Hans"* vs. **Hans schreibt sich*); sie können, müssen sogar häufig ohne Artikel stehen (*„Fräulein" wird nicht gebeugt* vs. **Das „Fräulein" wird nicht gebeugt*). (Vgl. hierzu umfassend Klockow 1980:36ff.).

Die syntaktische Autonomie gegenüber der Trägerkonstruktion ist genau das Merkmal, das die konventionell angeführten Ausdrücke vorhersagbar macht. Klockow (1980) spricht deshalb davon, dass die konventionellen Anführungszeichen von ihrem Trägertext „gedeckt" sind.

Modalisierende Anführungszeichen
Das wichtigste Kennzeichen von modalisierenden Ausdrücken ist, dass sie syntaktisch voll integriert sind. Sie sind nicht „gedeckt", weshalb ihr Fehlen unbemerkt bleibt.

Die semiotischen Dimensionen bleiben bei den modalisierenden jedoch dieselben, weshalb wir auch hier lokutive, referenzielle und propositionale Verfremdungen feststellen können.

Lokutive Verfremdung liegt vor, wenn mit einem angeführten Ausdruck die **Varietät** einer Sprechergruppe aufgerufen wird, die nicht der in der Trägerstruktur verwendeten Varietät entspricht (4). Referenzielle Verfremdung liegt vor, wenn der Verfasser zur Beschreibung eines Sachverhalts einen Ausdruck aufruft, von dem er nicht sicher ist, ob er auf den von ihm gemeinten Sachverhalt passt (5). Klockow (1980) spricht vom **Applikationsvorbehalt**. Propositionale Verfremdung liegt vor, wenn ein Verfasser einen Ausdruck verwendet, von dem er annimmt, dass er außerhalb der Anführung keine Bedeutung hat oder haben sollte (6). Klockow spricht vom **Begriffsvorbehalt**:

(4) Die Demonstranten hatten 1000 „Bullen" in Atem gehalten.
    Sie „könnet" alles. Außer hochdeutsch.
(5) Die „Luft" auf dem Mars
    Er war ein „Künstler".
(6) Die Verhältnisse in der „BRD"
    Die „Rasse" der Franzosen

Varietät, Applikations- und Begriffsvorbehalt weisen also eine zu P-Zitat, Werktiteln und L-Zitat ganz parallele Struktur auf:

Mit der Varietätenmarkierung greift der Schreiber auf lokutive Eigenarten einer Sprechergruppe zu. Aufgerufen wird hier jedoch nicht (wie im P-Zitat) eine konkrete Sprechsituation, sondern ganz allgemein eine Sprechweise.

Mit dem Applikationsvorbehalt bezieht sich der Schreiber auf die Referenzfähigkeit eines Ausdrucks. Angesprochen ist jedoch nicht (wie bei den Werktiteln) eine konkrete andere Referenz. Das Gelingen des referenziellen Aktes wird vielmehr prinzipiell in Zweifel gezogen.

Mit dem Begriffsvorbehalt ist die Proposition eines Ausdrucks berührt. Auch hier gilt, dass nicht (wie im L-Zitat) eine bestimmte andere (nämlich die nur noch formal-selbstbezügliche) Lesart aufgerufen ist, sondern die Angemessenheit einer Wortbedeutung prinzipiell bezweifelt wird.

Die konventionellen Anführungszeichen operieren demnach grundsätzlich auf Eigenschaften des Sprachgebrauchs, die modalisierenden auf Eigenschaften des Sprachsystems.

Zusammenfassend ergibt sich damit die folgende Struktur (vgl. Bredel 2008):

	konventionell	modalisierend
Bezugsebene	Sprachgebrauch	Sprachsystem
Lokution	P-Zitat	Varietät
Referenz	Werktitel	Applikationsvorbehalt
Proposition	L-Zitat	Begriffsvorbehalt

Tabelle 6: Die Funktion der Anführungszeichen

6.3 Die Klammern

Für die Klammern kann eine den Anführungszeichen ganz analoge Analyse angesetzt werden. Wir unterscheiden die Kommentierungsklammer (1) und die Konstruktionsklammer (2):

(1) Die Byzantinistik (sie wird oft als Orchideenfach bezeichnet) steht unter Rechtfertigungsdruck.
 Die Klammern funktionieren wie die Anführungszeichen (vgl. oben).
(2) Der (berühmte) Pianist.
 sieb(en)tens

Gemeinsam ist den beiden Klammertypen, dass der Verfasser eine zusätzliche Information einfügt, ohne dass der Wahrheitswert der Trägerstruktur beeinflusst wird.

Das Unterscheidungskriterium ist auch hier die Vorhersagbarkeit: Die Kommentierungklammer ist von der Trägerstruktur gedeckt (s. o.). Fehlt sie, entsteht ein orthographischer Fehler. Wie die Ausdrücke in konventionellen Anführungszeichen können die Ausdrücke in der Kommentierungsklammer syntaktische Autonomie aufweisen (vgl. 1).

Die Konstruktionsklammer ist nicht gedeckt. Konstruktionsklammerausdrücke sind wie die Ausdrücke in modalisierenden Anführungszeichen syntaktisch voll in die Trägerstruktur integriert. Ohne Klammer verändert sich der Sinn der Aussage, nicht aber ihre Grammatikalität.

Auch hier gilt, dass die Kommentierungsklammer historisch vor der Konstruktionsklammer auftritt. Und auch hier stellt die Konstruktionsklammer eine Grammatikalisierung der Kommentierungsklammer dar.

Die Kommentierungsklammer
Die Klammer startet ihre Karriere erheblich später als die Anführungszeichen. Parkes (1993) findet erste Klammerverwendungen im späten 14. Jh. Verknüpft ist das Aufkommen der Klammer mit der Veränderung der Autorschaft, die erst in der frühen Neuzeit einen individuellen Zuschnitt erfährt. Klein (1998) zufolge galten Texte bis dahin als autoritative Schriften. „Das Gros der Zeitgenossen" traute sich lediglich zu, „Anmerkungen, Marginalien und Zusammenfassungen zu den *auctoritates* zu erarbeiten." (Klein 1998:183)

In Klammern konnte man diese exegetischen Aktivitäten mit eigenen Zusätzen anreichern. Der Schreiber eröffnete mit der Klammer einen (individuellen) Nebendiskurs innerhalb des (auktorialen) Hauptdiskurses. Klein meint, dass eine Untersuchung der Geschichte des Klammergebrauchs zeigen könnte, „daß der oft beschworene Aufstieg des modernen Individualismus schrifthistorisch zunächst in Klammern formuliert wurde." (Klein 1998:184)

Im Gegensatz zu den Anführungszeichen werden mit der Klammer also nicht Fremdstimmen, sondern Eigenstimmen in den Trägertext integriert. Der Autor meldet sich *als Autor* zu Wort. Wir sprechen in Anlehnung an das Konstrukt des „overt narrator" (Chatman 1978) von einem „overt writer", der einem unmarkierten „covert writer" gegenübertritt.

Und auch der Leser verändert seine Rolle. Er wird *als Leser* und damit als „overt reader" angesprochen, der einem unmarkierten „covert reader" außerhalb der Klammer gegenübersteht.

Auf dieser Grundlage wird die Klammer zunehmend auch für leserseitige Zwecke funktionalisiert. Der Autor stellt in Klammern Informationen zur Verfügung, von denen er annimmt, dass sie den Leser beim Verstehen des in der Trägerstruktur verfügbar gemachten Wissens unterstützt.

	Trägertext	Klammerausdruck
Schreiber-/Leserrolle	covert reader/writer	overt reader/writer
Diskursebene	Hauptdiskurs	Nebendiskurs/entre nous
Zweck	Wissen	Verstehen

Tabelle 7: Die Relation zwischen Trägertext und Klammerausdruck

Verstehenssichernde Nebendiskurse tragen nicht zur Sachverhaltskonstruktion bei. Deshalb können nicht alle Ausdrücke geklammert werden. Nicht lizenziert ist die Klammer dort, wo die Berechnung des Wahrheitswerts der Trägerstruktur betroffen ist.

Ein guter Test für die Wirksamkeit dieses Mechanismus ist die Klammerung von Relativsätzen, bei denen eine restriktive (3a) und eine nicht-restriktive (3b) Lesart unterschieden wird:

(3) a. Hunde, die bellen, beißen nicht.
    b. Mein Hund, der bellt, beißt nicht.

In der restriktiven Lesart wird die Extension des Bezugsausdrucks (hier *Hunde*) vom Relativsatz eingeschränkt, er greift also in den Wahrheitswert der Trägerstruktur ein: Es gilt nicht für alle Hunde, dass sie nicht beißen, sondern nur für diejenigen, die bellen. Bei der nicht-restriktiven Lesart bleibt die Extension des Bezugsausdrucks und damit der Wahrheitswert der Trägerkonstruktion konstant. Mein Hund bleibt mein Hund, ob er bellt oder nicht.

Nur nicht-restriktive Relativsätze können von der Klammer erfasst werden:

(4) a. *Hunde (die bellen) beißen nicht.
    b. Mein Hund (der bellt) beißt nicht.

Ein weiteres, Merkmal von Kommentierungsklammerkonstruktionen ist, dass sie bevorzugt *nach* der Konstruktion stehen, die sie kommentieren. Nicht zufällig sprechen die AR 2006:§86 daher vom „Nachtrag" als typischer Klammerdomäne. Konstruktionsinitial (vgl. 5c) sind sie sogar ganz ausgeschlossen (Nunberg 1990):

(5) a. Wir lieben unsere beiden Papageien (Pauline und Franz)
    b. ?Wir lieben (unsere beiden Papageien) Pauline und Franz
    c. *(Unsere beiden Papageien) Pauline und Franz

Die **Linearisierung** von Trägerstruktur und Klammerausdruck folgt dem logischen Nacheinander von Wissen und Verstehen.

Beziehen kann sich das Kommentierungshandeln in Klammern auf formale/textbezogene (6) oder auf inhaltliche Eigenschaften (7):

(6) Sein berühmtester Roman (vgl. hierzu S. 5) erschien 1894.
(7) Sein berühmtester Roman (Effi Briest) erschien 1894.

In (6) wird der Leser auf einen Ort im Trägertext verwiesen, an dem eine entsprechende Information zu finden ist. Was genau dort steht, wird nicht mitgeteilt. In (7) wird der Ausdruck *sein berühmtester Roman* für den Leser inhaltlich spezifiziert.

Um einen inhaltlichen Kommentar handelt es sich auch bei geklammerten Frage- und Ausrufezeichen (vgl. Kap. 6.1):

(8) Sie hatte 1,5 (!) Promille im Blut.
(9) Er hatte siebzehn (?) Kinder.

Die Klammer sorgt dafür, dass Ausrufezeichen und Fragezeichen nicht auf die Proposition direkt angewendet wird, sondern einen Kommentar zum Gesagten darstellen. Am Beispiel des Fragezeichens: Es wird nichts erfragt, sondern das Gesagte wird für fraglich gehalten/als Unverstandenes oder Unverständliches ausgewiesen.

Als wesentliche Eigenschaft der Kommentierungsklammer halten wir fest, dass sie zwei, normalerweise simultan vollzogene Teilaktivitäten der Wissensverarbeitung (Wissen und Verstehen) zerlegt und aufeinander abbildet. Trägerkonstruktion (Wissen) und Klammerkonstruktion (Verstehen) beziehen sich auf denselben Verarbeitungsgegenstand.

Die Konstruktionsklammer
Wie die modalisierenden Anführungszeichen eine Grammatikalisierung der konventionellen darstellen, so ist auch die Konstruktionsklammer eine Grammatikalisierung der Kommentierungsklammer. Wie dort ist auch hier eine Umstellung vom Sprachgebrauch auf das Sprachsystem festzustellen. Es geht nicht mehr um den Unterschied zwischen Wissen und Verstehen, sondern um den Unterschied zwischen zwei Konstruktionen (K_1, K_2), die der Verfasser mit der Klammerung als zugleich geltend ausweist.

Angesprochen sind Klammerverwendungen wie die folgenden:

(11) sieb(en)tens [K_1 = siebtens, K_2 = siebentens]
(12) (Viele) Helfer kamen [K_1 = Helfer kamen, K_2 = Viele Helfer kamen]

In Analogie zur Kommentierungsklammer gilt, dass die Trägerstruktur auch ohne den Klammerzusatz interpretierbar ist. In der Klammer wird dem Leser eine zusätzliche Einheit angeboten, die die Trägerinformation anreichert bzw. ergänzt.

Dabei handelt es sich nicht um einen Kommentar zur Trägerkonstruktion, sondern um eine Einheit, die eine Alternativkonstruktion zur Trägerkonstruktion konstituiert.

Die Konstruktionsklammer macht sich nämlich lediglich das Verfahren der Kommentierungsklammer zueigen, Äußerungen aufeinander arbeiten zu lassen. Analog zur Kommentierungsklammer, bei der Trägerstruktur und Klammerkonstruktion in dieselbe Verarbeitungsepisode eingespannt sind, gilt für die Konstruktionsklammer: K_1 und K_2 gelten zugleich.

Wie die Kommentierungsklammer kann sich die Konstruktionsklammer auf formale (10) oder auf inhaltliche (11) Eigenschaften beziehen. Wir erhalten, Kommentierungs- und Konstruktionsklammer zusammenfassend, ein zu den Anführungszeichen (vgl. 6.2, Tabelle 6) analoges Bild:

	Komm.klammer	Konstr.klammer
Bezugsebene	Sprachgebrauch	Sprachsystem
inhaltlich	sein Roman (Effi Briest)	(Viele) Helfer
formal	sein Roman (vgl. S. 5)	sieb(en)tens

Tabelle 8: Die Funktion der Klammer

Aufgaben 10
a) Versuchen Sie zu klären, warum (1) möglich ist, (2) aber nicht: (1) („Apfelkuchen"); (2) *„(Apfelkuchen)"
b) Sehen Sie die §§ 89 bis 95 der AR 2006 an. Analysieren Sie, womit sich diese Paragraphen befassen. Versuchen Sie eine sachangemessene Regelformulierung für die Anführungszeichen zu finden.

Grundbegriffe: konventionelle/modalisierende Anführungszeichen, Varietät, Applikationsvorbehalt, Begriffsvorbehalt, P-Zitat, L-Zitat, Werktitel, Kommentierungsklammer, Konstruktionsklammer, Hauptdiskurs/Nebendiskurs, overt/covert writer/reader, Wissen/Verstehen

Weiterführende Literatur: Brandt & Nail (1976), Klein (1998), Klockow (1978, 1980), Weyers (1992)

6.4 Zusammenfassung

Ausrufezeichen, Fragezeichen, Anführungszeichen und Klammern regulieren, so wurde gezeigt, die Rollenkonstellation der schriftlichen Kommunikation.
 Die **epistemische Rollenzuschreibung** wird von Frage- und Ausrufezeichen besorgt. Sie weisen Schreibern/Lesern verschiedene Wissenszustände zu.
 Die Strukturierung der **interaktionalen Rolle** wird von Klammern und Anführungszeichen besorgt: Mit den Anführungszeichen können Figuren ins Spiel gebracht werden, mit den Klammern verschiedene Schreiber-/Leserinstanzen. Für beide, Klammern und Anführungszeichen, konnten Grammatikalisierungsprozesse rekonstruiert werden: Die modalisierenden Anführungszeichen filtern aus dem Kriterium der figuralen Fremdheit (konventionelle Anführungszeichen) die Fremdheit aus und funktionalisieren es für die Formulierung sprachlicher Fremdheit. Die Konstruktionsklammern filtern aus dem Kriterium der simultanen Geltung von Wissens- und Verstehenselementen (Kommentierungsklammer) das der simultanen Geltung heraus und funktionalisieren es für die Formulierung simultan geltender Konstruktionsvarianten.

7. Syntaktische Zeichen

Die letzte große Klasse bilden Komma, Punkt, Doppelpunkt und Semikolon. Sie sind in das syntaktische Parsing eingespannt. Um ihre Funktionsweise herausarbeiten zu können, sei hier ein (äußerst skizzenhaftes) Modell des syntaktischen Parsings vorangestellt.

Beim Lesen von Sätzen werden mit dem Leerzeichen separierte Einheiten mittels syntaktischen Parsings zu größeren Einheiten zusammengefügt (Kap. 4.3). Dabei entstehen hierarchische Strukturen, die mehrfach ineinander eingebettet sein können:

[auf$_{präp}$ [dem heißen Blechdach]$_{DGr}$]$_{PGr}$

Je nach Theorie spricht man von Phrasen oder Gruppen. Hier wird der Gruppenbegriff gewählt. Gruppenbildungen ergeben sich durch die folgenden Mechanismen: Ganz allgemein spricht man davon, dass benachbarte sprachliche Einheiten durch **Subordination** (Unterordnung) zu Gruppen/Phrasen zusammengefügt werden. Im gegebenen Beispiel ist die Determinierergruppe (DGr) *dem heißen Blechdach*, wenn man eine solche annehmen will, der Präposition *auf* untergeordnet. Sieht man in die DGr hinein, finden wir auch hier Unterordnungen: die NGr *heißen Blechdach* ist dem Determinierer *dem* untergeordnet.

[*dem*$_D$ [*heißen Blechdach*]$_{NGr}$]$_{DGr}$ (Determierergruppe)

In Baumdiagrammen wird die Unterordnung durch Verzweigungen visualisiert (optische Darstellung in Anlehnung an Eisenberg 2006):

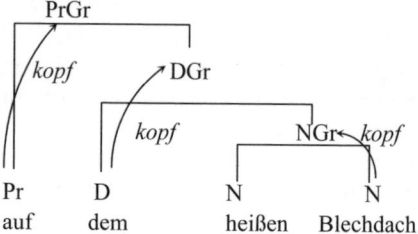

Der unterordnende Ausdruck ist der *Kopf* einer Konstruktion. Ein Kopf *projiziert* seine Merkmale an die Gesamtkonstruktion (maximale Projektion), die seinen Namen trägt (hier Präpositionalgruppe (PrGr), Determinierergruppe (DGr), Nominalgruppe (NGr)). Er verlangt bestimmte unterordnende Elemente, denen er eine bestimmte Form aufzwingt. Man sagt, der Kopf *regiert* die Einheiten seiner Projektion.

Im Leseprozess (wie auch im Hörprozess) laufen Projektion und die Gruppenbildung automatisch ab: Findet ein Leser/Hörer ein Element, das projizieren kann, projiziert er auch, findet er eine passende Form, die als regiert gelten und daher einer aufgebauten Projektion untergeordnet werden kann, dann wird sie untergeordnet. Zugleich gilt: Wer eine Projektion vornimmt, erwartet in der Umgebung der Projektionsquelle bestimmte Formen, die dem projizierenden Ausdruck als Ergänzungen untergeordnet werden können. Wir sprechen vom **Strukturaufbau**.

Wer auf eine nichtprojizierende Form trifft, sucht nach der Projektionsquelle, zu der sie Ergänzung ist. Er unternimmt einen **Strukturabgleich**, d. h. er prüft, ob die Form der Einheit passt.

Wer den Ausdruck *auf* liest, nimmt im selben Moment einen Strukturaufbau vor und wartet in der unmittelbaren Umgebung auf eine Nominalgruppe oder eine einfache nominale Form im Dativ oder Akkusativ, die es ihm ermöglicht, einen erfolgreichen Strukturabgleich vorzunehmen und die entsprechende Struktur aufzubauen (erg = Ergänzung):

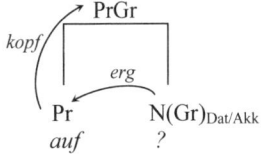

Bei der Wortfolge *Er steht auf Vera* wird *Vera* als ein solcher nominaler Ausdruck im Akkusativ erfasst und *auf* untergeordnet.

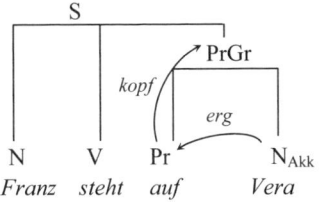

Die PrGr als Ganze ist Ergänzung zu *steht*, dem Zentrum des Satzes, der die größtmögliche syntaktische Struktureinheit darstellt: Sätze, deren Projektionszentrum stets ein Verb ist, können miteinander Projektionsverhältnisse eingehen. So ist in *Franz hofft, dass er bestanden hat* der Teilsatz *dass er bestanden hat* Ergänzung zu *hofft*. Nicht möglich aber ist, dass ein Teilausdruck aus einem Satz Ergänzung zu einem Teilausdruck aus einem anderen Satz ist.

7.1 Das Komma

Die syntaktischen Verhältnisse ändern sich, wenn in der Konstruktion *Franz steht auf Vera* ein Komma interveniert:

Franz steht auf, Vera.

Die syntaktische Verknüpfung zwischen *auf* und *Vera* ist blockiert. *auf* ist nun Verbpartikel (*aufstehen*), *Vera* ein Vokativ.

Wir halten also zunächst fest, dass das Komma eine Subordinationsblockade errichtet: Wer auf das Komma trifft, darf die links und rechts vom Komma stehende Einheit nicht als subordinierende und subordinierte Einheit erfassen (Primus 1993).

Ist eine solche Blockade erst einmal errichtet, gibt es drei Möglichkeiten, die rechts und links vom Komma stehenden Einheiten aufeinander zu beziehen:

1. Es handelt sich um eine **globale Subordinationsblockade**. Strukturaufbau *und* Strukturabgleich sind betroffen: Das Komma zeigt an, dass links und rechts die größtmögliche Projektionseinheit, also ein Satz steht. Das Komma zeigt uns also eine satzinterne Satzgrenze an. Satzintern deshalb, weil das Komma auch besagt, dass die syntaktische Strukturbildung weiterlaufen muss. Diese kann erst durch den Punkt beendet werden. *Er glaubte Hans, dass Vera schläft.*

2. Es handelt sich um eine **partielle Subordinationsblockade**. Strukturaufbau *oder* Strukturabgleich sind betroffen:
2a. Eine reine Strukturaufbaublockade besagt, dass der Strukturabgleich nicht auf der Grundlage einer Projektion erfolgen kann. Die Ausdrücke links und rechts vom Komma sind einander nicht untergeordnet, sondern nebengeordnet. Sie werden koordiniert. Wir erhalten das sog. Aufzählungskomma: *Hans, Max und Maria.*
2b. Eine reine Strukturabgleichblockade identifiziert ein formal nicht passendes Element beim Strukturaufbau. Es gilt als herausgestellte Einheit, also eine Einheit, die nicht zur syntaktischen Kernkonstruktion des Satzes gehört. *Den Hans, den habe ich noch nie gemocht. Franz steht auf, Vera.*

Diese drei Positionen, satzinterne Satzgrenze, Koordination und Herausstellung, die hier sprachverarbeitungstheoretisch rekonstruiert wurden, hat in dieser Klarheit zuerst Primus (1993) als kommarelevante Stellen identifiziert. Es sind zugleich die einzigen Domänen des deutschen Kommasystems. Sie werden im Folgenden genauer betrachtet.

7.1.2 Die Satzgrenze

Die wichtigste Bedingung für das Vorliegen einer kommarelevanten Satzgrenze ist das Vorhandensein eines **verbalen Kopfes**. Er kann finit (d. h. person/numerus-markiert wie in (1) und (2)) oder infinit (also ein Infinitiv (3) oder ein Partizip (4)) sein:

finit: (1) Peter **randaliert**, bis alles in Scherben **liegt**.
(2) Er **weiß** nicht, ob sie zu Hause **ist**.
infinit: (3) Karl **bittet** Ilse, nicht **zu rauchen**.
(4) Nach vorn **gebeugt**, schlief der Kranke ein.

Finitheit ist eine hinreichende Bedingung für das Setzen des Kommas. Dabei ist es unwichtig, ob es sich um Haupt- oder um Nebensatzstrukturen handelt, ob die Sätze vorangestellt, nachgestellt oder integriert sind, so dass wir diese Kommaposition wie folgt generalisieren können: Sätze mit finitem Verb werden orthographisch markiert. Sind sie syntaktisch voneinander abhängig, steht das Komma (*Er glaubt nicht, dass sie verrückt ist*), sind sie syntaktisch autonom und keines der Elemente soll für eine syntaktische Weiterverarbeitung genutzt werden, steht der Punkt (*Er glaubt nicht. Sie ist verrückt.*).

Trotz dieser äußerst einfachen und transparenten Struktur fokussiert der Schulunterricht beim Satzgrenzenkomma nicht auf das finite Verb, sondern auf nebensatzeinleitende Konjunktionen, die als kommaauslösend gelten. Es entstehen dann vor allem dort Probleme, wo konjunktionsähnliche Ausdrücke auftreten, ohne dass sie einen Nebensatz einleiten würden. Hier sind vor allem *als* und *wie* gefährdet, die sowohl nebensatzeinleitend auftreten als auch als satzinterne Verknüpfer. *Es geht um Fälle wie diesen.* (**Es geht um Fälle, wie diesen.*) Umgekehrt kommt es zu Problemen, wo Nebensätze nicht mit einer Konjunktion eingeleitet werden: Das ist bei Relativsätzen der Fall (*der Junge, der bei seiner Tante wohnt*), aber auch bei Nebensätzen mit V1-Stellung (*Wäre sie hier, könnten wir anfangen*). Insgesamt führt die Konzentration auf Konjunktionen als kommaauslösende Indikatoren zu einer Schreibunsicherheit beim schließenden Komma (*der Junge, der bei seiner Tante wohnt, geht in die achte Klasse*). Es ist dasjenige, das in Schülertexten am häufigsten fehlt. Didaktische Vorschläge, die den Erwerb der Kommasetzung vom finiten Verb aus strukturieren, liegen mit Sutter & Lindauer (2005) und Bredel & Hlebec (2015) vor.

Während Finitheit eine hinreichende Bedingung für das Auftreten eines Kommas ist, gilt dies für Infinitheit nicht. Um satzwertig zu sein, muss bei Infinitiv- und bei Partizipialgruppen die Satzgrenze eindeutig identifizierbar sein, es muss also klar sein, welche

Elemente zu welchem verbalen Kopf gehören. Wir diskutieren hier nur den Infinitiv ausführlich und beschränken uns auf sog. „erweiterte Infinitive", also solche, die mindestens eine Einheit unterordnen – denn nur in diesen Fällen sind Subordinationsblockaden sinnvoll. Für Partizipialgruppen gelten im Prinzip dieselben Gesetzmäßigkeiten.

Zu unterscheiden sind beim Infinitiv vier Fälle. (5) und (6) sind Fälle mit *zu*-Infinitiv, (7) und (8) solche mit reinem Infinitiv:

(5) Kontrollverben
    Max bittet Karl, die Blumen zu gießen (Objektkontrolle)
    Max verspricht Karl, die Blumen zu gießen (Subjektkontrolle)
(6) Anhebungsverben
    Karl scheint die Blumen zu gießen
(7) Modalverbkonstruktionen
    Karl will die Blumen gießen
(8) AcI-Konstruktionen
    Karl sieht Max gießen

In (6) bis (8) ist der Infinitiv in das übergeordnete Verb integriert, in (5) ist er eigenständig. Dieser Unterschied lässt sich durch einen syntaktischen Test ermitteln:

	inkohärent	kohärent
Kontrollkonstruktionen	weil Max Karl bittet, die Blumen zu gießen	weil Max Karl die Blumen zu gießen bittet
	weil Max Karl verspricht, die Blumen zu gießen	weil Max Karl die Blumen zu gießen verspricht
Anhebungskonstruktion	*weil Karl scheint, die Blumen zu gießen	weil Karl die Blumen zu gießen scheint
Modalverbkonstruktion	*weil Karl will, die Blumen gießen	weil Karl die Blumen gießen will
AcI-Konstruktion	*weil Karl sieht, Max gießen	weil Karl Max gießen sieht

Tabelle 9: Kohärente und inkohärente Strukturen

In der **kohärenten** Fassung erhält keine der Konstruktionen ein Komma. Denn durch diese Art der Linearisierung sind die verbalen Köpfe und ihre Ergänzungen so ineinander verschränkt, dass keiner für sich genommen einen eigenen Satz bildet. Das Komma wüsste nicht wohin.

Inkohärent realisiert werden können nur Kontrollkonstruktionen. Die Bedingung dafür ist, dass es grammatische Grenzen zwischen verbalen Köpfen und Ergänzungen gibt. Und diese Struktur verlangt aus oben genannten Gründen das Komma.

Bis 1996 galt diese Definition der Satzwertigkeit: erweiterte inkohärente Strukturen werden kommatiert, kohärente nicht, praktisch ausnahmslos.

Seit 1996 darf sich der Schreiber entscheiden, ob er in inkohärenten Konstruktionen wie den oben aufgeführten das Komma setzt oder nicht. Diese Entscheidung begründet Gallmann (1997:458f.) wie folgt (alle Hervorhebungen im Original):

„Eine satzwertige Infinitivgruppe liegt immer dann vor, wenn der Infinitiv *nach* den Prädikatsteilen am Ende eines Satzes steht:

Satzwertig: Sie hatte *versucht*, den Apparat *zu flicken.*
Aber [...] kohärent: Sie hatte den Apparat *zu flicken versucht.* [...]

Diese Gesetzmäßigkeiten in der Wortstellung kann man für eine Probe zur Klärung von Zweifelsfällen ausnützen: Man formt den übergeordneten Satz in einen weil- oder daß-Satz um. Wenn dann der Infinitiv *nach* der Personalform des weil- oder daß-Satzes steht, ist er *satzwertig,* andernfalls integriert (kohärent).

Mit Komma: Der Artist *drohte*, die Löwen *freizulassen.* → ... weil der Artist *drohte*, die Löwen *freizulassen.* (Bei diesem Sinn nicht: ... weil der Artist die Löwen *freizulassen drohte.*)

Ohne Komma: Der Artist *drohte* vom Seil *zu stürzen.* → ... weil der Artist vom Seil *zu stürzen drohte.* (Bei diesem Sinn nicht: ... weil der Artist *drohte,* vom Seil *zu stürzen.*)

Mit oder ohne Komma: Der Artist *vermochte(,)* sich an einer Stange *zu halten.* → ... weil der Artist *vermochte,* sich an einer Stange *zu halten.* Oder: → ... weil der Artist sich an einer Stange *zu halten vermochte.*"

Im Gegensatz zur Regelung vor 1996 wird hier also nicht mehr die tatsächliche Realisierung einer Konstruktion, sondern ihr Realisierungspotenzial zum Kommaauslöser. Diese Regelung ist faktisch gleichbedeutend mit der Freistellung der Kommas bei inkohärenten Infinitivkonstruktionen, wenn sie auch kohärent stehen könnten (*er hofft(,) mit der Reform keinen großen Schaden anzurichten*).

Die Freistellung des Kommas bringt jedoch in verschiedenen Konstruktionen Komplikationen mit sich:

(9)　Er empfahl(,) seinem Sohn(,) nicht(,) immer(,) zu gehorchen

Empfohlen wird daher, das Komma dann zu setzen, wenn dadurch Missverständnisse vermieden werden (AR 1996:§76), wenn also ohne Komma unklar ist, ob eine oder mehrere Einheiten vom Hauptverb (hier *empfahl*) oder vom Infinitiv (hier *zu gehorchen*) abhängen.

Mit diesem Regelformat wird der Eindruck erweckt, das Komma bei Infinitivgruppen sei generell eine Frage der Bedeutung von Sätzen. Die Konsistenz des Systems ist damit doppelt beschädigt: Zum einen, weil Satzwertigkeit nicht mehr generell kommaauslösend ist, zum anderen, weil seine Beschreibung nicht mehr an die syntaktische, sondern an eine semantische Analyse gebunden wird.

„Eine generelle, von der syntaktischen Konstruktion unabhängige Freistellung des Kommas, wie sie die Neuregelung bei Infinitiv- und Partizipkonstruktionen vorsieht, kann [...] keine dauerhafte Lösung sein. Es überrascht somit nicht, dass ein solcher Eingriff in das Schriftsystem von diesem selbst, d. h. vom intuitionsgeleiteten Kommagebrauch kompetenter Schreiber, zurückgedrängt wird." (Primus (i. E.):16)

Aus der Freistellung des Kommas in den benannten Konstruktionen ergibt sich an einer weiteren Stelle expliziter Regelungsbedarf, in Konstruktionen nämlich, die nie kohärent sind (AR 1996:§77,5) und die vor 1996 der allgemeinen Regel der Kommatierung satzwertiger Infinitivgruppen folgten und somit nicht eigens diskutiert werden mussten:

Die Infinitivgruppe hängt von einem **Verweiswort** ab:
(10) Der **Versuch**, sie zu verlassen, scheiterte immer wieder.

Die Infinitivgruppe hängt von einem **Korrelat** ab:
(11) Der Chef hasste **es**, seine Mitarbeiter streiken zu sehen.

Die Infinitivgruppe ist in (10) und (11) nicht wie in (6) bis (8) in das übergeordnete Prädikat integriert, sondern hängt grammatisch von einem Verweiswort (hier *Versuch*) bzw. von einem Korrelat (hier *es*) ab.

Im Zuge der Reform der Reform von 2006 (AR 2006:§75) ist die Kommasetzung zusätzlich bei zu-Infinitiven gefordert, die mit *um*, *(an)statt*, *ohne* eingeleitet sind.

(12) Sie schlief, **ohne** zu schnarchen.

Auch hier ist der Infinitiv nicht vom übergeordneten Prädikat abhängig, sondern von der Konjunktion (hier *ohne*).
Im Überblick über die alte (vor 1996), die neue (1996) und neueste (2006) Regelung ergibt sich:

		vor 1996	seit 1996	seit 2006
inkohärent	Verweiswort (10)	Komma	Komma	Komma
	Korrelat (11)	Komma	Komma	Komma
	um/ohne/statt (12)	Komma	Komma frei	Komma
	Kontrollverb (5)	Komma	Komma frei	Komma frei
kohärent	(6)–(8)	kein Komma	kein Komma	kein Komma

Tabelle 10: Die Reformgeschichte des Satzgrenzenkommas

Verträglich mit der Sprachverarbeitungsfunktion des Kommas, wie sie hier dargestellt wurde, ist nur die Regelung vor 1996. Hier werden regelhaft, d. h. bei allen satzwertigen Konstruktionen, Subordinationsblockaden (Strukturaufbau *und* Strukturabgleich) markiert. Die – vielerseits beklagte – Leseerschwernis, die sich durch die Abwesenheit des Kommas in satzwertigen Konstruktionen ergibt, ist Ausdruck eben dieses Mechanismus, auf den sich der Leser in jeder und nicht nur in semantisch ambigen Konstruktionen verlassen können muss. Denn die Subordinationsblockade wird in dem Moment errichtet, in dem der Leser auf das Komma trifft, und nicht nachträglich, also erst dann, wenn Ambiguitätsprobleme zu lösen sind.

7.1.2 Die Koordination

Von Koordination oder Nebenordnung sprechen wir bei der Verknüpfung formgleicher, syntaktisch gleichwertiger Elemente.

Grundsätzlich kommen zwei Koordinationstypen vor: Die asyndetische und die syndetische. Asyndetisch sind Koordinationen ohne Konjunktion (Verbindungswort) (1), syndetisch sind Koordinationen mit Konjunktion (2):

(1) Markus trinkt Bier, Antje trinkt Wein
(2) Markus trinkt Bier und Antje trinkt Wein.

Asyndese
Bei asyndetischer Koordination muss das Komma stehen: Weil eine Konjunktion fehlt, kann nur so sichergestellt werden, dass der Leser die kommatierten Einheiten nicht subordiniert (s.o.). Den Unterschied zwischen nichtkommatierten, also subordinierten, und kommatierten, also koordinierten Konstruktionen sehen wir am besten dort, wo beides möglich ist:

(3) die andere gute Nachricht
(4) die andere, gute Nachricht

In Fall (3) gibt es mehrere gute Nachrichten; in Fall (4) gibt es mehrere Nachrichten, von denen mindestens eine nicht als gut bezeichnet werden kann.

Die Lesartenunterschiede kommen durch verschiedene, von der Syntax ausgelöste Mengenbildungen zustande. Die folgenden Abbildungen sollen hier lediglich die verschiedenen Strukturen verdeutlichen. Wie genau koordinative Strukturen tatsächlich repräsentiert werden sollten, ist bislang ungeklärt (vgl. Eisenberg 2006). Wir verwenden hier „K" für den Konjunktor (hier das Komma), was nicht überall üblich ist.

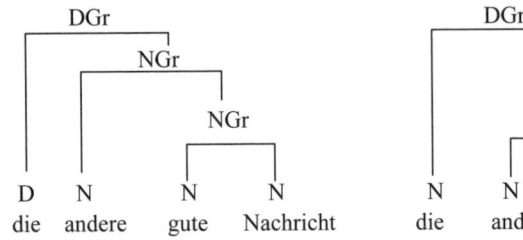
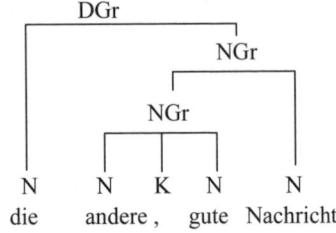

In Konstruktionen, die nur die subordinative Verknüpfung zulassen, ist das Komma nicht erlaubt (*frisch gebrannte Mandeln* vs. **frisch, gebrannte Mandeln*; aber: *frische, gebrannte Mandeln*), in Konstruktionen, die nur Subordination zulassen, darf das Komma nicht stehen (*die Nachricht von heute war die letzte gute* vs. **die Nachricht von heute war die letzte, gute*), in Fällen, in denen Subordination und Koordination möglich ist (vgl. 3 und 4), entscheidet das Komma.

Syndese
Bei der Syndese ergibt sich ein zweigeteiltes Bild:

(5)   hart und fair
(6)   hart, aber fair

Wir unterscheiden zwischen **echt koordinierenden Konjunktionen** (5) und **nicht echt koordinierenden Konjunktionen** (6). Die nicht echt koordinierenden Konjunktionen verlangen das Komma, die echt koordinierenden nicht.

Echt koordinierend ist eine Konjunktion dann, wenn sie wiederholt auftreten kann, nicht echt koordinierend ist sie, wenn sie dies nicht kann (Behrens 1989):

(7)   hart und fair und herzlich
(8)   *hart, aber fair, aber herzlich

Das Erfordernis der Kommasetzung bei nicht echt koordinierenden Konjunktionen könnte mit ihrem Stellungsverhalten zusammenhängen (9). Im Gegensatz zu den echt koordinierenden (10) müssen sie nicht an der Koordinationsfuge stehen; das Komma muss also stehen, um die Koordinationsfuge sichtbar zu machen:

(9)   Er wusste viel, schwieg aber oft.
(10) *Er wusste viel, schwieg und oft.

Die im Prinzip einfache Systematik der Kommasetzung bei syndetischen Koordinationsstrukturen wird in den AR 2006 verdunkelt: Denn dort wird die Unterscheidung zwischen echt koordinierenden (also nicht kommarelevanten) und nicht echt koordinierenden (also kommarelevanten) Konjunktionen an der Bedeutung festgemacht. Für die nicht echt koordinierenden heißt es: „Bei entgegenstellenden Konjunktionen wie *aber, doch, jedoch, sondern* steht [...] ein Komma, wenn sie zwischen gleichrangigen Wörtern oder Wortgruppen stehen" (AR 2006, §72/E$_2$). Die echt koordinierenden werden nicht weiter spezifiziert, sondern lediglich aufgezählt (vgl. §72). Eine solche Regelfestlegung führt dazu, dass selbst kompetente Schreiber/innen bei Konstruktionen mit *weder ... noch* oder *entweder ... oder* Schwierigkeiten haben, denn sie scheinen in irgendeiner Weise „Entgegenstellendes" auszudrücken. Unterscheidet man die Konjunktionen auf der Grundlage der Wiederholbarkeit, ist eine widerspruchsfreie Entscheidung möglich:

(11) Er war weder in Rom noch in Berlin noch in Paris.
Wir bestellen entweder eine Pizza oder einen Salat oder Nudeln.

Auch bei der Markierung der Koordination hat die Reform eingegriffen: Musste vor 1996 bei mit *und* (und verwandten Konjunktionen) verbundenen vollständigen Hauptsätzen ein Komma gesetzt werden (12), war dieses Komma nach 1996 zu Recht freigestellt. Denn es handelt sich um einen fakultativen, zusätzlichen Marker für das Vorliegen von syndetischer Koordination, die auch ohne das Komma gegeben ist.

(12) Karl kauft sich ein Eis, und Martin steht neidisch daneben.

Zugleich aber wurde auch die Kommasetzung von mit *und* verbundenen Nebensätzen liberalisiert (13), also dort ein Komma erlaubt, wo es vor 1996 überhaupt nicht möglich war, was 2006 wieder zurückgenommen wurde:

(13) Er weiß, dass sie später kommt(,) und dass sie Kuchen mitbringt.

Im Überblick ergibt sich das folgende, für Alltagsschreiber unerfreuliche Bild:

	vor 1996	seit 1996	seit 2006
und bei Hauptsatzkoord.	Komma	Komma frei	Komma frei
und bei Nebensatzkoord.	kein Komma	Komma frei	kein Komma

Tabelle 11: Die Reformgeschichte des koordinierenden Kommas

7.1.3 Die Herausstellung

Als herausgestellt gelten Elemente, die syntaktisch zu einem Satz gehören, nicht aber syntaktisch in ihn integriert und häufig auch nicht integrierbar sind. Wichtige Herausstellungsstrukturen sind die folgenden (vgl. umfassend Altmann 1981, weiterführend Primus 2008):

(1) Linksversetzung: **Die Helga**, die habe ich noch nie gemocht.
(2) Freies Thema: **Apropos Bücher**, ich hab noch eins von dir.
(4) Interjektionen: **Ach**, das weiß ich nicht.
(3) Vokativ: **Helga**, komm jetzt. Franz steht auf, **Vera**
(5) Rechtsversetzung: Ich mag ihn, **den Peter**.
(6) Nachtrag: Peter ist in Urlaub, **und zwar in Berlin**.
(7) Augment: Wir gehen doch ins Kino, **oder**?

Weil keine formale Passung zwischen dem herausgestellten Bestandteil und dem Restsatz besteht, kann er nicht subordiniert werden. Das Komma ist obligatorisch – das gilt selbst dann, wenn Trägersatz und Herausstellungsausdruck mit *und* verknüpft sind (vgl. 6).

Herausstellungen können nicht nur an der rechten oder linken Satzgrenze auftreten, sondern auch satzintern. In diesen Fällen spricht man von Parenthesen:

(7) Max, **immer gut gelaunt**, kam aufgelöst herein.

Das Komma konkurriert hier mit dem Gedankenstrich und den Klammern. Sie greifen unterschiedliche Eigenschaften der Parenthese auf.

Das Komma reagiert auf die fehlende syntaktische Integration, die Klammer auf die Art der gegebenen Information (Nebeninformation), der Gedankenstrich auf das Erfordernis des Konstruktionsabbruchs. Mit der Wahl eines der drei Zeichen wird also jeweils eine spezifische Eigenschaft der Parenthese herausgearbeitet.

Weil Klammer und Gedankenstrich syntaxunabhängig agieren, können mit ihnen auch solche Ausdrücke wie Parenthesen behandelt werden, die syntaktisch voll integriert sind.

(8) Er war ein (recht kleiner) energischer Typ.
    Er war ein – recht kleiner – energischer Typ.
    *Er war ein, recht kleiner, energischer Typ.

Erfasst man Appositionen als eine spezielle Sorte von Parenthese, zeigt sich allerdings, dass auch die Klammer und der Gedankenstrich nicht voraussetzungslos sind (Beispiel hier nur für die Klammer notiert (10); vgl. auch Kap. 6.3):

(9) Paul und Paula, unsere beiden Papageien, ...
    Unsere beiden Papageien, Paul und Paula, ...

*(Paul und Paula) unsere beiden Papageien ...
Paul und Paula (unsere beiden Papageien) ...
*(Unsere beiden Papageien) Paul und Paula ...
Unsere beiden Papageien (Paul und Paula) ...

Während das Komma syntaxsensitiv ist (vgl. 8), sind Klammern und Gedankenstrich positionssensitiv (vgl. 9). Die Klammer, weil sie die Aufgabe hat, bereits gegebene Informationen der Trägerstruktur zu kommentieren (Kap. 6.2), der Gedankenstrich, weil er einen Abbruch markiert, wozu notwendig Vorgängermaterial vorhanden sein muss (vgl. Kap. 6.3).

Zusammenfassung zum Komma
Das Komma wurde als ein Zeichen identifiziert, das eine Subordinationsblockade zwischen unmittelbar benachbarten Einheiten errichtet. Je nachdem, auf welche Teilaktivität der Subordination (Strukturaufbau, Strukturabgleich) sich die Subordinationsblockade erstreckt, erhalten wir folgende Fälle:

	Koordination	Satzgrenze	Herausstellung
Strukturaufbau	blockiert	blockiert	zugelassen
Strukturabgleich	zugelassen	blockiert	blockiert

Tabelle 12: Die Funktion des Kommas im Überblick

Eine Verschärfung der drei Blockadekonstellationen tritt mit dem Punkt, dem Semikolon und dem Doppelpunkt ein. Während das Komma nämlich lediglich temporäre/reversible Subordinationsblockaden errichtet, sind sie bei Punkt, Semikolon und Doppelpunkt permanent/irreversibel.

Aufgaben 11
a) Auch in professionellen Texten fehlt das Komma häufig vor *und* in Konstruktionen wie den folgenden: *Die Kanzlerin, die gerade aus der Sommerpause zurückgekehrt war_und der Minister, der gerade verreisen wollte, ...*
Erklären Sie, warum das Komma hier gefordert ist, und versuchen Sie zu ermitteln, warum viele Schreiber es hier nicht setzen.
b) Überlegen Sie sich, welche Konjunktionen Sie im Grammatikunterricht des 7. Schuljahrs einführen würden, wenn es um das Setzen des Kommas geht.
c) Seit 1996 werden direkte Redezüge von einem nachfolgenden Begleitsatz mit dem Komma abgetrennt: *„Kommst Du morgen?", fragte er.* Vor 1996 wurde hier kein Komma gesetzt, wenn der direkte Redezug mit einem Frage- oder ein Ausrufezeichen markiert war. Versuchen Sie die Logik dieser Regeländerung zu beschreiben.

Grundbegriffe: Strukturabgleich, Strukturaufbau, Subordination, Satzgrenze, kohärente Struktur, inkohärente Struktur, Herausstellung, Koordination, Syndese, Asyndese, echt koodinierende Konjunktion, nicht echt koordinierende Konjunktion

Weiterführende Literatur: Afflerbach (1997), Behrens (1989), Bredel & Primus (2007), Gallmann (1997), Primus (1993), Schmidt (1994), Kirchhoff & Primus (2016), Kirchhoff (2017)

7.2 Der Punkt

Dem Punkt wird fast überall die Funktion zugesprochen, den Satzschluss zu markieren: „Mit dem Punkt kennzeichnet man den Schluss eines Ganzsatzes" (§ 67 AR 2006). Der „Ganzsatz" wird nicht definiert. Stattdessen werden Fälle aufgelistet, die unter diesen Begriff fallen sollen, so etwa: *Niemand kannte ihn. Auch der Gärtner nicht. Ob er heute kommt? Nein, morgen.*

Folgt man diesen Beispielen, scheint der Ganzsatz keine syntaktische, sondern vielmehr eine textuelle oder eine kommunikative Größe zu sein. Die syntaktische Leistung des Punktes erschließt sich erst unter sprachverarbeitungstheoretischer Perspektive: Wie beim Satzgrenzenkomma (vgl. Kap. 7.1.2) gilt eine globale Subordinationsblockade (Strukturaufbau *und* Strukturabgleich sind betroffen). Anders als dort ist die Subordinationsblockade aber nicht temporär/reversibel, sondern permanent/irreversibel: Der Leser muss die mit dem Punkt syntaktisch geschlossene Einheit an das textuelle Parsing weiterleiten. Dabei spielt es keine Rolle, wie diese Einheit genau aussieht. An einem Satz mit wandernden Satzgrenzen kann illustriert werden, was gemeint ist:

(1) Franz hört (.) auf (.) diesen (.) Karl (.) auf jenen (.)

Den entsprechenden Kontext gegeben, sind alle fünf Satzgrenzen plausibel. Für eine effektive Auswertung der Wortfolge unter (1), die im Leseprozess inkrementell, d. h. der Reihe nach von links nach rechts erfolgt, muss der Leser wissen, wann er das syntaktische Parsing abschließt und die entsprechende Einheit an das textuelle Parsing übergibt.

Zwei Folgen dieses Ebenenwechsels vom Satz zum Text sind in der Literatur gut beschrieben: Die besonderen semantischen Interpretationsleistungen unmittelbar vor der Übergabe an das textuelle Parsing (wrap up-Effekt) und der Zusammenbruch des syntaktischen Arbeitsspeichers nach dieser Übergabe.

Der **wrap up-Effekt** (Just & Carpenter 1980) beschreibt das Verfahren, während des syntaktischen Parsings unklare Interpretationen offenzuhalten, um sie mit dem Eintreffen des Punktes zu klären; dies führt u. a. zu längeren Pausenzeiten an Satzgrenzen.

Der **Zusammenbruch des syntaktischen Arbeitsspeichers** wurde bereits von Fillenbaum (1966) empirisch belegt: Sollen Leser nach der Verarbeitung einer mit dem Punkt begrenzten Konstruktion wiedergeben, was sie gelesen haben, erinnern sie sich an den Inhalt, häufig aber nicht an die genaue syntaktische Struktur.

Diese äußerst robusten Effekte, die den Übergang zwischen syntaktischem und textuellem Parsing kennzeichnen, erklären auch, dass der Punkt historisch früh erprobt wird, in allen modernen Schriftsystemen inventarisiert ist, von Kindern als erstes gelernt wird und auch von Schreibern, die mit anderen Interpunktionszeichen Schwierigkeiten haben, sicher beherrscht wird.

Nun wird der Punkt jedoch äußerst sparsam eingesetzt. Er steht z. B. nicht, wenn ein anderes punkthaltiges Zeichen an der punktrelevanten Stelle steht (vgl. (2) bis (4)):

(2) Wir kauften Fleisch, Milch, Brot, Butter etc.
     *Wir kauften Fleisch, Milch, Brot, Butter etc..
     (AR 2006, §103 Am Ende eines Ganzsatzes setzt man nach Abkürzungen nur einen Punkt.)

(3) Sie schreibt eine Biographie über Friedrich den II.
     *Sie schreibt eine Biographie über Friedrich den II..
     (AR 2006, §105: Am Ende eines Ganzsatzes setzt man nach Ordinalzahlen, die in Ziffern geschrieben sind, nur einen Punkt.)

(4) Er wusste, dass er nicht mehr zu retten war …
     *Er wusste, dass er nicht mehr zu retten war ….
     (AR 2006, §100: Stehen die Auslassungspunkte am Ende eines Ganzsatzes, so setzt man keinen Schlusspunkt.)

Wir formulieren folgende **Graphotaktische Sonderbedingung**, mit der diese Fälle einheitlich erfasst sind:

Der syntaktische Punkt tritt nur auf, wenn kein anderes punkthaltiges Zeichen an einer punktrelevanten Position steht. Punkthaltige Zeichen sind: Der Abkürzungspunkt: <*..>, der Ordinalzahlenpunkt: <*.> und die Auslassungspunkte: <*....>, aber auch Frage- und Ausrufezeichen: deshalb <*!.>, <*?.>.

In den AR §68 lesen wir zusätzlich, dass der Punkt nicht nach „frei stehenden Zeilen" steht. Diese Besonderheit verweist auf die Interaktion von graphischen Wortfolgen mit der Textfläche. Wir unterscheiden einen **Textmodus** von einem **Listenmodus**.

Listenmodal verfasste Texte sind Tabellen, Listen, Überschriften, Formulare, Karten etc., also etwa das, was das PISA-Konsortium als „diskontinuierliche Texte" erfasst hat, die rein formal bestimmt werden können als Gruppe von Texten, bei denen die Zeile ein Indikator für syntaktische Strukturen ist (vgl. hierzu Reißig 2015): Die Zeilengrenze markiert zugleich eine syntaktische Grenze. Dabei ist die Binnenstruktur listenmodaler Einheiten präferiert infinit. Eine Überschrift etwa lautet *Flugzeug abgestürzt* und nicht *Das Flugzeug ist abgestürzt*. Wir sprechen von Ellipsen.

Was in der AR als „frei stehende Zeile" identifiziert wird, verweist demnach auf eine gesamttypographische Praxis, von der auch weitere Zeichen betroffen sind. So steht auch das Komma im Listenmodus nicht oder nicht notwendigerweise (AR 2006:§71, E2), im Textmodus ist es obligatorisch.

(5) Listenmodus: Textmodus:
    Brot   *Brot Butter Honig
    Butter
    Honig

Die Signifikanz der Zeile im Listenmodus ist zusätzlich an der Verwendung des Unterführungszeichens erkennbar, der im Textmodus, bei dem die Zeile nicht signifikant ist, nicht stehen bzw. nicht ausgewertet werden kann:

(6) Listenmodus: Textmodus:
    Berlin Spandau   *Sie fuhren durch Berlin Spandau und
    „ Wedding   kamen dann nach „ Wedding

Nicht wundern sollte uns, dass die vertikalen Klitika vom Listenmodus unbeeindruckt sind. Sie stehen, wenn die Rollenstruktur vom Default abweicht, unabhängig von der typographischen Praxis, also auch bei „frei stehenden Zeilen" (AR 2006: §69, E_2 und §70E_2).

Nicht wundern sollte auch, dass sich die Filler in einer besonderen Weise ausbreiten: Denn sie sind ja diejenigen, die auch im Textmodus in die Strukturierung der graphischen Oberfläche involviert sind. So können der Divis und/oder der Gedankenstrich als Aufzählungszeichen verwendet werden. Die Klitika können dies nicht.

(7) - Brot   * , Brot
    - Butter   , Butter
    - Margarine   , Margarine

Aufgaben 12
a) Im Schreiberwerbsprozess kommen folgende Verschriftungen vor *Wie heißt du?*. (vgl. Mesch 2010). Wie erklären Sie sich das?
b) Mentrup (1983) schlägt vor, den Punkt (sowie die satzinitiale Großschreibung) auch in folgenden Fällen zu setzen: *Dieses Bild – Es ist das letzte und bekannteste des Künstlers. – wurde nach Amerika verkauft.* (Mentrup

1983:174); *Dieses Bild, Es ist das letzte und bekannteste des Künstlers., wurde nach Amerika verkauft.* (Ebd.:174); *„Ich habe es nicht getan.", sagte er.* (Ebd.:71); *Sagte er: „Ich komme nicht."?* (Ebd.:159). Welche Punktdefinition schwebt Mentrup vor?
c) Erläutern Sie den Zusammenhang zwischen § 68 und §71 E$_2$ der AR 2006.

Grundbegriffe: Textmodus, Listenmodus, wrap-up-Effekt, syntaktischer Arbeitsspeicher, Satzgrenze, Graphotaktische Sonderbedingung

Weiterführende Literatur: Bredel (2005), Ehlich (2003), Primus (1997)

7.3 Das Semikolon

„Das Semikolon vertritt das Komma, wenn dieses zu schwach, den Punkt, wenn dieser zu stark trennt", so der Duden (^{20}1991:57). Was unter „Schwäche" und „Stärke" zu verstehen ist, ist jedoch alles andere als klar. Es wird auch in den AR 2006 nicht geklärt: „Mit dem Semikolon drückt man einen höheren Grad der Abgrenzung aus als mit dem Komma und einen geringeren Grad der Abgrenzung als mit dem Punkt." (§80)

Klarer wird das Bild, wenn man die Sprachverarbeitungsprozesse beschreibt, die vom Semikolon, dem Punkt und dem Komma in Gang gesetzt werden.

Unter sprachverarbeitungstheoretischer Perspektive ist der Punkt das „stärkste" Zeichen, weil mit ihm Strukturaufbau *und* Strukturabgleich irreversibel blockiert werden und damit der Übertritt in das textuelle Parsing eingeleitet wird (Kap. 4.3). Das Komma ist demgegenüber „schwach", weil (a) die von ihm errichtete Blockade reversibel, u. d. h. nur auf unmittelbare Nachbareinheiten, nicht auf die Gesamtkonstruktion bezogen ist, und weil sich (b) die Blockade auf nur eines der beiden syntaktischen Parsingverfahren (Aufbau oder Abgleich) beziehen muss (Kap. 7.1).

Das Semikolon erweist sich in dieser Hinsicht tatsächlich als ein Mischwesen. Seine Form (Strich auf der Grundlinie) und die fehlende Möglichkeit einer Folgemajuskel zeigen aber, dass die Verwandtschaft zum Komma größer ist als die zum Punkt.

Vom Komma erbt das Semikolon das Potenzial der einseitigen Blockade: Das Semikolon verbietet den Strukturaufbau bei gleichzeitiger Lizenzierung des Strukturabgleichs. Es entstehen Koordinationsstrukturen. Vom Punkt erbt das Semikolon die Irreversibilität: Das mit dem Semikolon begrenzte Konjunkt ist eine **maximale**

Projektion, in die nicht hinein- und aus der nicht herausprojiziert werden kann.

Besonders gut deutlich wird die Irreversibilität der Strukturaufbaublockade in Konstruktionen wie (1):

(1) Die Kölner lieben, verehren und schützen ihre Stadt.
*Die Kölner lieben; verehren und schützen ihre Stadt.

In diesem Beispiel sind *lieben, verehren* und *schützen* drei koordinierte Prädikate mit dem Objekt *ihre Stadt*. Interveniert das Semikolon nach *lieben*, ist der Strukturaufbau nach rechts irreversibel blockiert, das Objekt (*ihre Stadt*) ist für *lieben* nicht mehr erreichbar. Weil *lieben* zur Sättigung aber ein Objekt benötigt, entsteht eine ungrammatische Struktur. Das ist anders in (2):

(2) a. Franz wäscht; Max rasiert und Hanna kämmt sich.
b. Franz wäscht, Max rasiert und Hanna kämmt sich.

Sowohl die Kommakonstruktion als auch die Semikolonkonstruktion sind grammatisch; sie unterscheiden sich aber in der Auswertung des Reflexivs. In (2a) wissen wir nicht, wen oder was Franz wäscht, in (2b) wäscht er *sich*.

Noch einmal anders sieht es in (3) aus, wo das Komma weniger akzeptabel ist als das Semikolon:

(3) Franz kocht; Vera liebt und Hanna verschmäht sein Essen.
?Franz kocht, Vera liebt und Hanna verschmäht sein Essen.

Mit Komma ist *sein Essen* ein strukturell mögliches Objekt zu *kocht*, eine gegenüber der Semikolonlesart, bei der *Franz kocht* objektlos ist, weniger präferierte Interpretation.

Weil in Konstruktionen wie in (2) und (3) auch der Punkt möglich wäre, das Semikolon also nirgends obligatorisch zu sein scheint, gilt es in der Interpunktionstheorie überall als fakultativ (z. B. Behrens 1989, Zifonun et al. 1997). Baudusch (2000:52) schreibt, das Semikolon habe „keine Funktion, die nur ihm eigen ist und die nicht auch vom Punkt oder vom Komma [...] erfüllt werden kann". Das Beispiel unter (4) zeigt, dass das nicht der Fall ist.

(4) a. Auf dem Bauernhof waren junge Hunde und Katzen; Kühe und Pferde.
b. Auf dem Bauernhof waren junge Hunde und Katzen, Kühe und Pferde.

In (4a) sind die Hunde und Katzen jung, das Alter der Kühe und der Pferde kennen wir nicht. In (4b) kennen wir nur das Alter der Hunde, nicht aber das der Katzen, Kühe und Pferde. Kein anderes syntaktisches Zeichen wirkt in dieser Weise gruppierend.

Es bleibt also festzuhalten: Mit dem Semikolon wird der syntaktische Strukturaufbau irreversibel blockiert bei gleichzeitig gebotenem Strukturabgleich: Rechts und links vom Semikolon stehen strukturidentische (u. d. h. koordinierte) maximale Projektionen. Innerhalb dieser Projektionen kann das Komma seinerseits lokale Aufbau- und Abgleichblockaden errichten.

Als recht typische Domäne des Semikolons gelten deshalb komplexe Koordinationsstrukturen wie die in (5) (Beispiel aus AR 2006:1206), in denen zwischen unterschiedlichen Koordinationsebenen unterschieden werden muss:

(5) Unser Proviant bestand aus gedörrtem Fleisch; Speck und Rauchschinken; Ei- und Milchpulver; Reis, Nudeln und Grieß.

Jeder der mit dem Semikolon bezeichneten Koordinationsgruppen gilt als maximale Projektion und kann intern weitere Koordinationsstrukturen enthalten, die dann mit dem Komma abgegrenzt werden (vgl. *Reis, Nudeln und Grieß*).

Als komplexeste Koordinationsstruktur gilt die **Periode**, ein „vielfach zusammengesetzter Satz", der „durch die Nebenordnung mehrerer Satzgefüge oder durch Unterordnung mehrerer Nebensätze – die einander gleich oder untergeordnet sein können – unter einen Hauptsatz [entsteht]." (Helbig & Buscha 2001:571). Sie gilt seit jeher als eigentliche Domäne des Semikolons (Behrens 1989):

(6) Wer immer nur an sich selbst denkt; wer nur danach trachtet, andere zu übervorteilen; wer sich nicht in die Gemeinschaft einfügen kann: der kann von uns keine Hilfe erwarten. (Bsp. aus Duden [19]1986:57)

Aufgaben 13
a) Konstruieren Sie Beispiele, in denen das Semikolon nicht mit anderen Zeichen austauschbar ist.
b) Baudusch (1984 ([3]1989):48) meint, die „Handhabung" des Semikolons setze „einen bestimmten Reifegrad in der stilistischen Beherrschung der geschriebenen Sprache voraus". Seine Beherrschung gehöre „[z]u einem kultivierten und schöpferischen Sprachgebrauch" (Baudusch 1981:4). Maas (2000:202) hält das Semikolon für „snobistisch". Adorno (1956 (1997):110 f.) sieht im Verschwinden des Semikolons Anzeichen für den Kulturzerfall: „Die Prosa wird auf den Protokollsatz, der Positivisten liebstes Kind, heruntergebracht [...] Mit dem Verlust des Semikolons fängt es an, mit der Ratifizierung des Schwachsinns durch die von aller Zutat gereinigte Vernünftigkeit hört es auf." Wie kommt es zu solchen Urteilen?

Grundbegriffe: Koordination, Aufbaublockade, maximale Projektion, Periode

Weiterführende Literatur: Baudusch (1984 ([3]1989)), Behrens (1989), Bredel (2008), Maas (2000)

7.4 Der Doppelpunkt

Um über den Doppelpunkt sprechen zu können, definieren wir mit Nunberg (1990) die Doppelpunktstruktur, die eine Doppelpunktkonstruktion und einer Doppelpunktexpansion enthält:

Doppelpunktstruktur	
Doppelpunktkonstruktion	Doppelpunktexpansion
Mathematik :	befriedigend
Er sagte :	„Heute nicht."
Beachten Sie Folgendes :	Bei großer Hitze besteht Brandgefahr.
Trotzdem :	Er konnte nicht bleiben.
Franz steht auf :	Vera, Hanna und Karla.
Wir nehmen mit :	einen Rucksack, ein Zelt, eine Lampe.

In manchen Interpunktionstheorien wird angenommen, die Hauptfunktion des Doppelpunkts sei es, eine syntaktische Grenze zwischen Doppelpunktkonstruktion und -expansion zu markieren. Baudusch (2000) spricht den Doppelpunkt in diesem Sinne als „Satzmittezeichen" an. In manchen Interpunktionstheorien gilt der Doppelpunkt als pragmatisches Zeichen. Demnach gilt die Doppelpunktkonstruktion bzw. der Doppelpunkt selbst als Ankündigung (Gallmann 1985, Behrens 1989, AR §81: „Mit dem Doppelpunkt kündigt man an, dass etwas Weiterführendes folgt."). Maas (2000:105) meint, der Doppelpunkt sei in Bezug auf syntaktische und pragmatische Funktion ambig (Maas 2000:105).

Bei einer sorgfältigen Analyse kann gezeigt werden, dass der Doppelpunkt tatsächlich in beide Funktionen involviert ist. Seine Janusköpfigkeit drückt sich ja auch in seiner graphetischen Form aus. Das Merkmal [+REDUP] verweist auf seine Eigenschaft als Textzeichen (pragmatische Funktion), als kleines Klitikon sollte er ein Satzzeichen sein (syntaktische Funktion). Zugleich aber kann gezeigt werden, dass die pragmatische Funktion des Doppelpunktes (Markierung einer Konstruktion als Ankündigung) aus seiner syntaktischen Funktionsweise abgeleitet werden kann.

Weil die syntaktische Funktion die pragmatische auslöst, beginnen wir unsere Darstellung mit der Syntax des Doppelpunkts.

Wie das Semikolon ist auch der Doppelpunkt unter syntaktischer Perspektive ein Mischling aus Punkt und Komma. Seine Form (Punkt auf der Grundlinie) und die Möglichkeit der Folgemajuskel zeigt aber, dass seine Verwandtschaft zum Punkt größer ist als seine Verwandtschaft zum Komma (Bsp. 1 wiederholt aus Kap. 4.3, (3)).

9(1) Die Politiker denken. Das gefällt dem Volk.
      Die Politiker denken: Das gefällt dem Volk.

Sowohl beim Punkt als auch beim Doppelpunkt stehen rechts und links syntaktisch autonome Strukturen (hier: Sätze).

Der Unterschied zwischen dem Punkt und dem Doppelpunkt besteht darin, dass der Doppelpunkt in der Doppelpunktkonstruktion eine Leerstelle (hier die Valenz von *denken*) öffnet, die von der Doppelpunktexpansion gesättigt wird. Er ermöglicht demnach den Strukturaufbau. Zugleich errichtet er aber eine Strukturabgleichblockade. Die geöffnete Leerstelle wird mit einem formal nicht passenden Ausdruck besetzt: *denken* lizenziert zwar Sätze als Objekte, verlangt aber eine Nebensatzstruktur (*die Politiker denken, dass das dem Volk gefällt*).

Die Erbschaft des Punktes ist also die formal autonome syntaktische Struktur von Doppelpunktkonstruktion und -expansion. Seine Erbschaft vom Komma ist die einseitige Blockade: Der Strukturabgleich ist blockiert, der Strukturaufbau (**Öffnung einer Leerstelle**) ist nicht nur erlaubt, sondern gefordert.

Dabei kann die Leerstelle, die der Doppelpunkt öffnet, eine vom Verb geforderte Valenz sein, wie nicht nur (1) belegt, sondern auch der klassische Fall der direkten Rede, bei der das verbum dicendi (Verb des Sagens) eine Ergänzung fordert, die mit dem syntaktisch autonomen direkten Redezug gesättigt wird (vgl. (2)). Der Doppelpunkt ist alternativlos.

(2)   Franz sagte: „Es regnet."

Geöffnet werden können auch Valenzen nominaler Einheiten:

(3)   Öffnen einer nominalen Valenz
      a. Die Begründung: Dass er nicht unterschreiben könne, sei den Fans unverständlich gewesen.
      b. Die Begründung, dass er nicht unterschreiben könne, sei den Fans unverständlich gewesen.

Weil der Doppelpunkt keine syntaktische Weiterführung erlaubt, muss in (3a) alles, was rechts vom Doppelpunkt steht, als Doppelpunktexpansion ausgewertet werden. Links davon steht die Doppelpunktkonstruktion. Wir erhalten folgende Struktur:

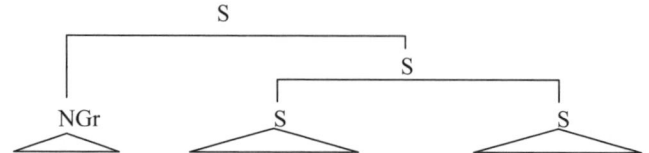

Die Begründung: Dass er nicht unterschr. könne, sei den Fans unverst. gewesen

In (3b) ist *Die Begründung* zusammen mit dem dass-Satz Subjekt zu *sei*:

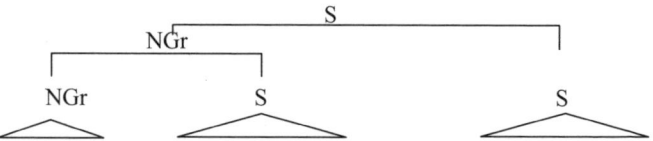

Die Begründung, dass er nicht unterschr. könne, sei den Fans unverst. gewesen

(4) Öffnen einer geschlossenen nominalen Valenz:
    a. Sie können mir ein Geschenk machen: gesund zu werden.
    b. *Sie können mir ein Geschenk machen, gesund zu werden.

Normalerweise wird mit dem unbestimmten Artikel (*ein*) das Valenzpotenzial von Substantiven syntaktisch blockiert; das zeigt (4b). Weil der Doppelpunkt die Initiierung einer neuen syntaktischen Verrechnungsepisode erlaubt, kann er diese Blockade überschreiben.

Das gilt auch für das Verbot von Mehrfachsättigungen: Normalerweise kann eine Valenzstelle nur einmal gesättigt werden. Der Doppelpunkt überschreibt auch diese Regularität. Er lässt Mehrfachsättigungen zu (vgl. hierzu auch Bredel & Primus 2007):

(5) Lizenzierung von Mehrfachsättigungen:
    a. Er hatte Angst, es würde ihm niemand glauben.
    b. Er hatte Angst: Es würde ihm niemand glauben.
    c. *Er hatte Angst vor der Verhandlung, es würde ihm niemand glauben.
    d. Er hatte Angst vor der Verhandlung: Es würde ihm niemand glauben.

Neben der Öffnung von Valenzen ist eine globale Öffnung nach rechts möglich (6).

(6) Trotzdem: Er konnte nicht bleiben.
    Der Zusammenbruch der Banken: Kein Grund zur Panik?

In allen Fällen bleibt die syntaktische Autonomie von Doppelpunktkonstruktion und -expansion bestimmend.

Kommen innerhalb einer Gesamtstruktur syntaktisch autonome, d. h. von der Restkonstruktion aus nicht verrechenbare Elemente vor, gelten sie als herausgestellte Einheiten (s.o.). Dies kennzeichnet Doppelpunktstrukturen ganz generell. Eine der beiden Komponenten, die Doppelpunktkonstruktion oder die Doppelpunktexpansion, gilt als herausgestellte Einheit, die jeweils andere als syntaktische Kernkonstruktion (VF = Vorfeld, FINIT = Position für das finite Verb, MF = Mittelfeld, VK = Verbalkomplex; zur Satztopologie im Einzelnen vgl. Wöllstein 2010):

Rechtsherausstellung:

VF	FINIT	MF	VK	rechtes AF (= Außenfeld)
Für die Reise	haben	sie	mitgenommen :	Ein Zelt, eine Decke ...
Er	hat		gesagt :	Es regnet

Linksherausstellung:

linkes AF	VF	FINIT	MF	VK
Trotzdem :	Sie	gaben	nicht	auf.
Die Begründung :	Er	hatte	Urlaub	genommen.

Herausstellungsstrukturen sind gute Kandidaten für die Realisierung metakommunikativer Aktivitäten (Hoffmann 2002). Von hier aus also ist die pragmatische Funktion des Doppelpunktes (Ankündigung) zu bestimmen.

Rehbein (1978) zufolge ist die **Ankündigung** die Verbalisierung eines Plans zu einer zukünftigen Handlung mit dem Zweck, den darauf nicht vorbereiteten Hörer auf diese einzustellen. Die Ablaufstruktur des Ankündigens ist in äußerst schematisierter Form wie folgt darstellbar:

Handlung A | Ankündigung | Handlung B

Zwischen der Ankündigung und der Handlung B besteht, so Rehbein, eine „segmentative Zäsur" der Handlungsräume, in denen Handlungen A und B vollzogen werden. Die Ankündigung selbst wird als „Handlungsloch" bezeichnet, in dem der Wechsel von A nach B mit einer „schematisierenden Vorausschau" auf B verbalisiert wird.

Übertragen auf die Doppelpunktstruktur bildet die Doppelpunktkonstruktion die Ankündigung, die Doppelpunktexpansion die Handlung B, der Doppelpunkt die „segmentative Zäsur". Er instruiert den Leser, die Doppelpunktexpansion trotz nicht lizenzierter (und damit vom Parser nicht erwartbarer) syntaktischer Struktur dennoch mit der Doppelpunktkonstruktion zu einer Gesamtstruktur zu verrechnen, macht also etwas (syntaktisch) Nicht-Erwartetes für den Leser verarbeitbar.

Sehen wir uns abschließend den Unterschied zwischen dem Doppelpunkt und dem Gedankenstrich an: Beiden wird in den Amtlichen Regeln Ankündigungscharakter zugeschrieben (§81, §82;

vgl. hierzu auch Kap. 3.1). Auch die einschlägigen Interpunktionstheorien sehen hier eine enge Verwandtschaftsbeziehung. Mentrup (1983:95) meint: „Der Schreiber unterbricht mit dem Gedankenstrich oder mit dem Doppelpunkt den Text oder Sätze, um ausdrücklich anzukündigen, dass noch etwas folgt." Der Gedankenstrich, so Mentrup betont den „Wechsel"/das „Unerwartete", der Doppelpunkt das „Weiterführende". Ähnlich argumentiert auch Gallmann (1985:159): „In manchen Kontexten sind Doppelpunkt und Gedankenstrich denkbar, beispielsweise, wo etwas Überraschendes anzukündigen ist: das Merkmal ‚Überraschung' spricht für den Gedankenstrich, das Merkmal ‚Ankündigung' für den Doppelpunkt."

Diese von Mentrup und Gallmann eher intuitiv erfassten Effekte können auf der Grundlage der Ankündigungskonzeption von Rehbein (1978) genauer gefasst werden. Für das für den Vergleich zwischen Doppelpunkt und Gedankenstrich immer wieder verwendete Beispiel *Plötzlich – ein vielstimmiger Schreckensruf* ergibt sich das folgende Bild:

Handlung A	Ankündigung	Handlung B
Plötzlich	–	ein vielstimmiger Schreckensruf
	Plötzlich :	ein vielstimmiger Schreckensruf

Der Doppelpunkt steht als „segmentative Zäsur" *nach* Ankündigungen: Er instruiert den Leser, die Doppelpunktkonstruktion *als* Ankündigung (schematisierende Vorausschau) zu identifizieren; der Wechsel von A nach B ist thematisch vorbereitet. Der Gedankenstrich steht als „Handlungsloch" *für* Ankündigungen. Er befindet sich dort, wo normalerweise eine Ankündigung stehen müsste. Eine schematisierende Vorausschau wird nicht geleistet. Der Wechsel von A nach B geschieht thematisch unvorbereitet. So kommt es, dass „das Merkmal ‚Überraschung' […] für den Gedankenstrich [spricht], das Merkmal ‚Ankündigung' für den Doppelpunkt" charakteristisch ist (Gallmann, 1985, s.o.).

Aufgabe 14
Versuchen Sie, auf der Grundlage des folgenden Bibelausschnitts (aus Matthäus 27) den Doppelpunktgebrauch im 18. Jh. zu rekonstruieren:
Da das sahe Judas, der ihn verrathen hatte, daß er verdammet war zum tode: gereuete es ihn, und brachte herwieder die dreyssig silberlinge den hohenpriestern und den und aeltesten; Und sprach, Ich hab uebel gethan, daß ich […]. Da sprach Pilatus zu ihm: Hoerest du nicht, wie hart sie dich verklagen? Und er antwortete ihm nicht auf Ein wort: also, daß sich auch der landpfleger sehr verwunderte. (Bibel 1736:38 f.)

Grundbegriffe: Doppelpunktstruktur, Doppelpunktkonstruktion, Doppelpunktexpansion, Herausstellung, Ankündigung, Strukturabgleichblockade, Valenz

Weiterführende Literatur: Gallmann (1985), Karhiaho (2003), Maas (2000), Nunberg (1990), Rehbein (1978)

7.5 Zusammenfassung

Komma, Punkt, Semikolon und Doppelpunkt errichten, so wurde gezeigt, syntaktische Verarbeitungsblockaden. Unterschieden wurden Strukturaufbaublockaden (keine Durchlässigkeit lexikalischer/projizierender Informationen) und Strukturabgleichblockaden (keine Durchlässigkeit syntaktischer/phrasaler Informationen) danach, ob sie temporär/reversibel oder permanent/irreversibel sind. Aus der Kombination dieser Eigenschaften erhält jedes syntaktische Zeichen sein eigenes Profil:

	temporär reversibel	permanent irreversibel	resultierende Konstruktion
Aufbaublockade	,	;	Koordination
Abgleichblockade	,	:	Herausstellung
Aufbau- und Abgleichblockade	,	.	Satzgrenze

Tabelle 13: Die Funktion der syntaktischen Zeichen im Überblick

8. Zusammenfassung und Ausblick

Die vorliegende Darstellung hat sich der Interpunktion nach der Herleitung des Inventars (Kap. 2) in drei Analyseschritten genähert:

Am Anfang stand die Analyse der internen Formeigenschaften der Interpunktionszeichen (Graphetik) (Kap. 3.1). Identifiziert wurden drei Merkmale (LEERE, VERTIKALITÄT, REDUPLIKATION). Jedes Interpunktionszeichen wurde daraufhin untersucht, ob es in Bezug auf dieses Merkmal positiv oder negativ spezifiziert ist.

Einen zweiten Schritt bildete die Analyse des Verhaltens von Interpunktionszeichen in der Zeile (Graphotaktik) (Kap. 3.2). Dabei wurden zwei Klassen gebildet: Zeichen, die einen eigenen segmentalen Raum besetzen (Filler), die unter graphetischer Perspektive zugleich das Merkmal [+LEER] aufweisen, und Zeichen, die sich an ein Stützzeichen anlehnen (Klitika). Sie sind graphetisch [¬LEER].

Den dritten Schritt stellte die funktionale Analyse dar (Kap. 4ff.). Die Interpunktionszeichen wurden daraufhin untersucht, wie sie vom Leser verarbeitet werden. Mit der Unterscheidung verschiedener Dimensionen des Lesens, konkret zwischen Scanning und Processing, Parsing und Rolle sowie Wort-/Satz- vs. Textlesen konnte nicht nur jedem Einzelzeichen eine eindeutige, konsistente und diskrete Leseprozessfunktion zugewiesen werden, zugleich konnten die graphetischen und die graphotaktischen Merkmale funktional motiviert werden (vgl. Kap. 4.4, Abbildung. 15).

Mehrdeutigkeiten oder Überschneidungen mussten ebensowenig angenommen werden wie uninterpretierbare Reste.

Dennoch wurde nicht alles, was über die Interpunktion gesagt werden kann, auch tatsächlich gesagt.

Unter graphetischer Perspektive fehlt eine vergleichende Analyse der Form von Interpunktionszeichen mit der anderer schriftsprachlicher Mittel. Für einen Vergleich mit Buchstabenformen haben Primus (2006, 2007) und Fuhrhop & Buchmann (2009) die Grundlage gelegt.

Unter graphotaktischer Perspektive fehlt nicht nur eine über die binäre Unterscheidung von Text- und Listenmodus (Kap. 7.2.) hinausweisende Betrachtung des Zusammenspiels von typographischen Textoberflächen und Interpunktionszeichen, sondern auch ein Kapitel zu dem viel diskutierten Problem der Absorption bzw. Kontraktion, demzufolge dann, wenn ein „ranghöheres Satzzeichen" mit einem „schwächeren" zusammentrifft, das ranghöhere das schwächere „gleichsam absorbiert" und die Funktionen der Zeichen „zusammengezogen (kontrahiert)" werden (Baudusch 1995:58f.)

Während die Rekonstruktion der Interaktion zwischen typographischen und graphischen Repräsentationen mit der Publikation von Reißig (2015) erste Antworten erfahren hat, musste uns das Absorptionsproblem hier nicht interessieren: Es entstammt der Offline-Perspektive, die davon ausgeht, dass zunächst jeder Konstruktion ein bestimmtes Zeichen zugewiesen wird, das unter bestimmten Bedingungen (s.o.) getilgt werden muss.

Geht man mit der Online-Perspektive nicht vom Konstruktions-, sondern vom Instruktionswert von Interpunktionszeichen aus, gibt es keine mehrstufigen Interpungierungen und damit auch keine Absorption/Kontraktion.

Unter funktionaler Perspektive fehlt die historische Herleitung der Einzelzeichen und ihrer Gebrauchsänderungen bis hin zu ihrer Stabilisierung. Zwar liegen zur historischen Entwicklung der Interpunktion einige sehr gut recherchierte Arbeiten vor (vgl. Parkes

1993 sowie Höchli 1981 und Rinas 2017, die die historische Entwicklung der Interpunktionsbeschreibungen rekonstruiert haben), eine umfassende Rekonstruktion der Interpunktionsgeschichte ist jedoch bisher noch nicht geleistet. Vielversprechend ist der Ansatz von Kirchhoff (2017). In die Zukunft der Interpunktion blickt Androutsopoulos (2018).

Was ganz fehlt, ist ein empirischer Blick auf den Interpunktionsgebrauch. Eine Studie historischer Interpunktionsverwendungen liegt mit Masalon (2014) vor, Einblicke in den aktuellen Interpunktionsgebrauch geben die Beiträge in Olsen, Hochstadt & Colombo-Scheffold (2016).

Unter funktionaler Perspektive fehlt auch eine sprachvergleichende Analyse. Die hier vorgelegte Darstellung hat sich ausschließlich mit dem Deutschen befasst und nur sehr punktuell Ausflüge in andere Schriftsysteme zugelassen. Systematische typologische Arbeiten, die das Gesamtsystem in den Blick nehmen, fehlen bislang. Sprachvergleichende Analysen zum Komma liegen u. a. mit Primus (1996, 2019) und Mesch (2009) vor.

Unter funktionaler Perspektive fehlt aber vor allem die Lernerperspektive. Folgt man der hier vorgelegten Konzeption, dass die Interpunktionszeichen Lesezeichen sind, ist anzunehmen, dass auch der Interpunktionserwerb viel eher durch die Rezeption als durch die Produktion angestoßen wird. Hier liegt möglicherweise auch der Grund dafür, dass viele Schreiber/innen von sich sagen, sie setzten das Komma „nach Gefühl" – dieses Gefühl ist wahrscheinlich nichts anderes als eine auf den Schreibprozess übertragene Leseerfahrung, die nirgends explizit gemacht wird. Denn die herkömmliche Interpunktionsdidaktik ist ausschließlich Produktionsdidaktik (Esslinger 2010, 2014), die an der Norm, nicht am System ansetzt. Und dies sowohl inhaltlich (Einzelregeln statt Systematik) als auch methodisch (Vermittlung statt Ermittlung) (dazu auch Bernasconi, Hlebec & Reißig 2011). Eine möglicherweise zielführende, wenngleich produktionsorientierte Kommadidaktik liegt mit Sutter & Lindauer (2005) vor. Eine prozessorientierte Kommadidaktik wird von Bredel & Hlebec (2015) vorgeschlagen.

Für eine insgesamt zielführende Interpunktionsdidaktik, die nicht nur die Interpunktion als Ganze in den Blick zu nehmen hätte, sondern die auch die Aufgabe hätte, unterschiedliche Zugriffsweisen auf die Produktion und auf die Rezeption der Interpunktion als Ausdruck von lernerseitigen Hypothesen über das System zu rekonstruieren und nicht als Fehler anzustreichen, sind in der Zukunft jedenfalls erhebliche Anstrengungen erforderlich.

Literatur

Adorno, Theodor W. (1956 (1997)): Satzzeichen. In: ders.: Noten zur Literatur. Gesammelte Schriften. Hrsg. von Rolf Tiedemann. Bd. 11. Frankfurt/M.: Suhrkamp, 106–113.

Afflerbach, Sabine (1997): Zur Ontogenese der Kommasetzung vom 7. bis zum 17. Lebensjahr. Eine empirische Studie. Frankfurt/M. et al.: Lang.

Altmann, Hans (1981): Formen der „Herausstellung" im Deutschen. Rechtsversetzung, Linksversetzung, Freies Thema und verwandte Konstruktionen. Tübingen: Niemeyer.

Androutsopoulos, Jannis K. (2018): Digitale Interpunktion: Stilistische Ressourcen und soziolinguistischer Wandel in der informellen digitalen Schriftlichkeit von Jugendlichen«. In: Ziegler, Arne (Hg.). Jugendsprachen/Youth Languages: Aktuelle Perspektiven internationaler Forschung/Current Perspectives of International Research. Berlin, Boston: de Gruyter. 721–748.

AR (1996): Die amtliche Regelung der deutschen Rechtschreibung. In: Duden (^{22}2000), 1113–1152.

AR (2006): Die amtliche Regelung der deutschen Rechtschreibung. In: Duden (^{24}2006), 1161–1216.

Artelt, Cordula; McElvany, Nele; Christmann, Ursula; Richter, Tobias; Groeben, Norbert; Köster, Juliane; Schneider, Wolfgang; Stanat, Petra; Ostermeier, Christian; Schiefele, Ulrich; Valtin, Renate & Ring, Klaus (2007): Förderung von Lesekompetenz – Eine Expertise. Bonn, Berlin: Bundesministerium für Bildung und Forschung.

Baudusch, Renate (1981): Prinzipien der deutschen Interpunktion. In: Zeitschrift für Germanistik, Leipzig 2/1, 206–218.

Baudusch, Renate (1983): Einige Auslassungen über die Auslassungspunkte. In: Sprachpflege 32/8, 113–115.

Baudusch, Renate (1984 (^{3}1989)): Punkt, Punkt, Komma, Strich. Regeln und Zweifelsfälle der deutschen Zeichensetzung. Durchgesehene Auflage. Leipzig: VEB Bibliographisches Institut.

Baudusch, Renate (1995): Von der Hierarchie der Satzzeichen. In: Ewald, Petra & Sommerfeldt, Karl-Ernst (Hrsg.): Beiträge zur Schriftlinguistik. Festschrift zum 60. Geburtstag von Dieter Nerius. Frankfurt/M. et al.: Lang, 57–66.

Baudusch, Renate (1997): Zur Reform der Zeichensetzung – Begründung und Kommentar. In: Augst, Gerhard et al. (Hrsg.): Zur Neuregelung der deutschen Orthographie. Begründung und Kritik. Tübingen: Niemeyer, 243–258.

Baudusch, Renate (2000): Das syntaktische Prinzip und sein Geltungsbereich. In: Nerius, Dieter (Hrsg.): Deutsche Orthographie. 3., neu bearbeitete Auflage. Mannheim et al.: Dudenverlag, 227–255.

Baudusch, Renate (2000a): Zeichensetzung klipp & klar. Funktion und Gebrauch der Satzzeichen verständlich erklärt. Gütersloh/München: Bertelsmann.

Behrens, Ulrike (1989): Wenn nicht alle Zeichen trügen. Interpunktion als Markierung syntaktischer Konstruktionen. Frankfurt/M. et al.: Lang.

Bergmann, Rolf & Nerius, Dieter (Hrsg.) (1997): Die Entwicklung der Großschreibung im Deutschen von 1500 bis 1700. 2 Bände. Bearbeitet von Rolf Bergmann et al. Heidelberg: C. Winter.

Bernabei, Dante (2003): Der Bindestrich. Vorschlag zur Systematisierung. Frankfurt/M. et al.: Lang.

Bernasconi, Tobias; Hlebec, Hrvoje & Reißig, Tilo (2011): Ressourcen und Probleme der Lehrer im Orthographieunterricht. In: Bredel, U. & Reißig, T. (Hrsg.): Weiterführender Orthographieunterricht. Baltmannsweiler: Schneider Hohengehren (zus. mit T. Bernasconi & T. Reißig), 496–506.

Bibel (1736): Biblia, Das ist: Die gantze H. Schrift Altes und Neues Testaments, Nach der Teutschen Uebersetzung D. Martin Luthers: Halle, Zu finden im Waeysenhause [= Cansteinsche Bibelanstalt]. Standort: Württembergische Landesbibliothek, Stuttgart.

Brandt, Wolfgang & Nail, Norbert (1976): Anführungszeichen. Versuch einer Systematik ihrer funktionalen Gebrauchsweise. In: Muttersprache 86, 407–426.

Bredel, Ursula (2002): The dash in German. In: Neef, Martin; Neijt, Anneke & Sproat, Richard (Hrsg.): The Relation of Writing to Spoken Language. Tübingen: Niemeyer, 131–146.

Bredel, Ursula (2005): Zur Geschichte der Interpunktionskonzeptionen des Deutschen – dargestellt an der Kodifizierung des Punktes. Peter Eisenberg zum 65. Geburtstag. In: Zeitschrift für linguistische Germanistik 33, 179–211.

Bredel, Ursula (2007): Interpunktionszeichen: Form – Geschichte – Funktion. In: Boschung, Dieter & Hellenkemper, Hansgerd (2007): Kosmos der Zeichen. Schriftbild und Bildformel in Antike und Mittelalter. Wiesbaden: Reichert, 67–86.

Bredel, Ursula (2008): Die Interpunktion des Deutschen. Ein kompositionelles System zur Online-Steuerung des Lesens. Tübingen: Niemeyer.

Bredel, Ursula & Hlebec, Hrvoje (2015): Kommasetzung im Prozess. In: Praxis Deutsch 254, 36–43.

Bredel, Ursula & Primus, Beatrice (2007): Komma & Co. Zwiegespräch zwischen Grammatik und Performanz. In: Zeitschrift für Sprachwissenschaft 26, 81–131.

Buchmann, Franziska (2010): Binde-Strich-Schreibungen? Was uns der Bindestrich über die Struktur der Wörter verrät. In: Praxis Deutsch 221, 39–41.

Buchmann, Franziska (2015): Die Wortzeichen im Deutschen. Heidelberg: Winter

Bunčić, Daniel (2004): The apostrophe. A neglected and misunderstood reading aid. In: Written Language and Literacy 7/2, 185–204.

Chatman, Seymour Benjamin (1978): Story and discourse: narrative structure in fiction and film. New York: Cornell University Press.

Duden (1901): Orthographisches Wörterbuch der deutschen Sprache. Von Konrad Duden. Leipzig u. Wien: Bibliographisches Institut.

Duden (1903): Rechtschreibung der Buchdruckereien deutscher Sprache. Bearbeitet von Konrad Duden. Leipzig und Wien: Bibliographisches Institut.

Duden (^{9}1915): Duden, Rechtschreibung der deutschen Sprache und der Fremdwörter. Neubearbeitete und vermehrte Auflage. Leipzig u. Wien: Bibliographisches Institut.

Duden (^{14}1958): Duden. Rechtschreibung der deutschen Sprache und der Fremdwörter. Erster, verbesserter Nachdruck. Mannheim: Bibliographisches Institut.

Duden ([17]1973), ([18]1980): Duden. Rechtschreibung der deutschen Sprache und der Fremdwörter. Neu bearbeitete und erweiterte Auflage. Im Einvernehmen mit dem Institut für deutsche Sprache. Mannheim, Wien, Zürich: Bibliographisches Institut, Dudenverlag.

Duden ([19]1986): Duden. Rechtschreibung der deutschen Sprache und der Fremdwörter. Neu bearbeitete und erweiterte Auflage. Auf der Grundlage der amtlichen Rechtschreibregeln. Mannheim, Wien, Zürich: Bibliographisches Institut, Dudenverlag.

Duden ([20]1991): Duden. Rechtschreibung der deutschen Sprache. Völlig neu bearbeitete und erweiterte Auflage. Auf der Grundlage der amtlichen Rechtschreibregeln. Mannheim et al.: Dudenverlag.

Duden ([21]1996), ([22]2000), ([24]2006): Duden. Rechtschreibung der deutschen Sprache. Völlig neu bearbeitete und erweiterte Auflage. Auf der Grundlage der neuen amtlichen Rechtschreibregeln. Mannheim et al.: Dudenverlag.

Duden, Konrad (1876): Versuch einer deutschen Interpunktionslehre. In: Garbe, Burckhard (Hrsg.): Texte zur Geschichte der deutschen Interpunktion und ihrer Reform 1462–1983. Hildesheim, Zürich, New York: Olms, 161–180.

Ehlich, Konrad (2003): Regularität, Regel, Regelformulierung: Punkt. Ersch. in: ders. (Hrsg.): Interpunktionen.

Ehlich, Konrad & Rehbein, Jochen (1986): Muster und Institution. Untersuchungen zur schulischen Kommunikation. Tübingen: Narr.

Eisenberg, Peter (1981): Substantiv oder Eigenname? Über die Prinzipien unserer Regeln zur Groß- und Kleinschreibung. In: Linguistische Berichte 72, 77–101.

Eisenberg, Peter (2006): Grundriss der deutschen Grammatik. Der Satz. 3., durchgesehene Auflage. Stuttgart: Metzler.

Esslinger, Gesine (2010): Konzepte des Interpunktionserwerbs. Ersch. in: Bredel, Ursula & Reißig, Tilo (Hrsg.). Weiterführender Orthographieunterricht. Baltmannsweiler: Schneider Hohengehren.

Esslinger, Gesine (2014): Rezeptive Interpunktionskompetenz: Eine empirische Untersuchung zur Verarbeitung syntaktischer Interpunktionszeichen beim Lesen. Baltmannsweiler: Schneider Hohengehren.

Fillenbaum, Samuel (1966): Prior deception and subsequent experimental performance: The „faithful" subject. In: Journal of Personality and Social Psychology 4, 532–557.

Fuhrhop, Nanna (2007): Zwischen Wort und Syntagma. Zur grammatischen Fundierung der Getrennt- und Zusammenschreibung. Tübingen: Niemeyer.

Fuhrhop, Nanna & Buchmann, Franziska (2009): Die Längenhierarchie: Zum Bau der graphematischen Silbe. In: Linguistische Berichte 218, 127–155.

Gallmann, Peter (1985): Graphische Elemente der geschriebenen Sprache. Grundlagen für eine Reform der Orthographie. Tübingen: Niemeyer.

Gallmann, Peter (1989): Syngrapheme an und in Wortformen. Bindestrich und Apostroph im Deutschen. In: Eisenberg, Peter & Günther, Hartmut (Hrsg.): Schriftsystem und Orthographie. Tübingen: Niemeyer, 85–110.

Gallmann, Peter (1996): Interpunktion (Syngrapheme). In: Günther, Hartmut & Ludwig, Otto (Hrsg.): Schrift und Schriftlichkeit. Writing and Its Use. Ein interdisziplinäres Handbuch internationaler Forschung. An Interdisciplinary Handbook of International Research. 2. Halbband. Berlin, New York: de Gruyter, 1456–1467.

Gallmann, Peter (1997): Zum Komma bei Infinitivgruppen. In: Augst, Gerhard et al. (Hrsg.): Zur Neuregelung der deutschen Orthographie. Begründung und Kritik. Tübingen: Niemeyer, 435–462.

Geilfuß-Wolfgang, Jochen (2007): Worttrennung am Zeilenende. Über die deutschen Worttrennungsregeln, ihr Erlernen in der Grundschule und das Lesen getrennter Wörter. Tübingen: Niemeyer.

Günther, Hartmut (1988): Schriftliche Sprache. Strukturen geschriebener Wörter und ihre Verarbeitung beim Lesen. Tübingen: Niemeyer.

Günther, Hartmut (2006): Kennen Grundschüler der ersten und zweiten Klasse Silbengrenzen? In: Bredel, Ursula & Günther, Hartmut (Hrsg.), Orthographietheorie und Rechtschreibunterricht. Tübingen: Niemeyer, 127–138.

Hall, T. Alan (2000): Phonologie. Eine Einführung. Berlin et al.: de Gruyter.

Helbig, Gerhard & Buscha, Joachim (2001): Deutsche Grammatik. Ein Handbuch für den Ausländerunterricht. Berlin et al.: Langenscheidt.

Höchli, Stefan (1981): Zur Geschichte der Interpunktion im Deutschen. Eine kritische Darstellung der Lehrschriften von der zweiten Hälfte des 15. Jahrhunderts bis zum Ende des 18. Jahrhunderts. Berlin, New York: de Gruyter.

Hoffmann, Ludger (2002): Zur Grammatik der kommunikativen Gewichtung im Deutschen. In: Peschel, Corinna (Hrsg.): Grammatik und Grammatikvermittlung. Frankfurt/M. et al.: Lang, 9–37.

Jones, Bernard (1995): Exploring the Variety and Use of Punctuation. In: Proceedings of the 17th annual conference of the Cognitive Science Society, 619–624.

Just, Marcel A. & Carpenter, Patricia A. (1980): A theory of reading: From eye fixations to comprehension. In: Psychological Review 87, 329–354.

Karhiaho, Izabela (2003): Der Doppelpunkt im Deutschen. Kontextbedingungen und Funktionen. Göteborg: Acta Universitatis Gothoburgensis.

Kirchhoff, Frank (2017): Von der Virgel zum Komma. Die Entwicklung der Interpunktion im Deutschen. Heidelberg: Winter

Kirchhoff, Frank & Primus, Beatrice (2016): Das Komma im mehrsprachigen Kontext. In: Olsen, Ralph; Hochstadt, Christiane & Colombo-Scheffold, Simona (Hrsg.): Ohne Punkt und Komma ... Beiträge zu Theorie, Empirie und Didaktik der Interpunktion. Berlin: Rabenstück, 78–97

Klein, Wolf Peter (1998): Über Schriftpartikel, oder: Warum man manchmal aus einer Mücke einen Elefanten machen darf. In: Harden, Theo & Hentschel, Elke (Hrsg.): Particulae particularum. Festschrift zum 60. Geburtstag von Harald Weydt. Tübingen: Stauffenburg, 177–186.

Klein, Wolf Peter (2002): Der Apostroph in der deutschen Gegenwartssprache. Logographische Gebrauchserweiterungen auf phonographischer Basis. In: Zeitschrift für linguistische Germanistik 30, 169–197.

Klein, Wolf Peter & Grund, Marthe (1997): Die Geschichte der Auslassungspunkte. Zu Entstehung, Form und Funktion der deutschen Interpunktion. In: Zeitschrift für germanistische Linguistik 25, 24–44.

Klockow, Reinhard (1978): Anführungszeichen, Norm und Abweichung. In: Linguistische Berichte 57, 14–24.

Klockow, Reinhard (1980): Linguistik der Gänsefüßchen. Untersuchungen zum Gebrauch der Anführungszeichen im gegenwärtigen Deutsch. Frankfurt/M.: Haag+Herchen.

Lohnstein, Horst (1993): Projektion und Linking. Ein prinzipienbasierter Parser fürs Deutsche. Tübingen: Niemeyer.
Lohnstein, Horst (2000): Satzmodus – kompositionell. Zur Parametrisierung der Modusphrase im Deutschen. Berlin: Akademie-Verlag.
Maas, Utz (1992): Grundzüge der deutschen Orthographie. Tübingen: Niemeyer.
Maas, Utz (2000): Orthographie. Materialien zu einem erklärenden Handbuch zur Rechtschreibung des Deutschen. Osnabrück: In Kommission bei der Buchhandlung zur Heide.
André Martinet (1960): Éléments de linguistique générale. Paris: Armand Colin.
Masalon, Kevin Christopher (2014): Die deutsche Zeichensetzung gestern, heute – und morgen (?) : eine korpusbasierte, diachrone Untersuchung der Interpunktion als Teil schriftsprachlichen Wandels im Spannungsfeld von Textpragmatik, System und Norm unter besonderer Berücksichtigung des Kommas.
http://duepublico.uni-duisburg-essen.de/servlets/DerivateServlet/Derivate-36075/Dissertation_Masalon.pdf (aufgerufen am 23.11.2019)
Meibauer, Jörg (2001): Pragmatik. Eine Einführung. 2. Auflage. Tübingen: Stauffenburg.
Meibauer, Jörg (2007): Syngrapheme als pragmatische Indikatoren: Anführung und Auslassung. In: Döring, Sandra & Geilfuß-Wolfgang, Jochen (Hrsg.): Von der Pragmatik zu Grammatik. Leipzig: Leipziger Universitätsverlag, 21–37.
Mentrup, Wolfgang (1983): Zur Zeichensetzung im Deutschen – Die Regeln und ihre Reform. Oder: Müssen Duden-Regeln so sein, wie sie sind? Tübingen: Narr.
Mesch, Birgit (2009): Kleines Zeichen – Große Wirkung: das Komma im Deutschen und Spanischen. In: Estudios filológicos alemanes 17, 269–280.
Mesch, Birgit (2010): Textrezeption durch Interpunktion steuern – am Beispiel punkthaltiger Zeichen. Ersch. in: Gornik, Hildegard: Sprachreflexion und Grammatikunterricht. Baltmannsweiler: Schneider Hohengehren.
Müller, Beat Louis (1985): Der Satz. Definition und sprachtheoretischer Status. Tübingen: Niemeyer.
Neef, Martin (2008): Worttrennung am Zeilenende: Überlegungen zur Bewertung und Analyse von orthographischen Daten. Zeitschrift für Germanistische Linguistik 35/3, 283–314.
Nübling, Damaris (1992): Klitika im Deutschen. Schriftsprache, Umgangssprache, alemannische Dialekte. Tübingen: Narr.
Nunberg, Geoffrey (1990): The Linguistics of Punctuation. Stanford: Center for the Study of Language and Information.
Öhlschläger, Günther (1988): Zur Semantik der Fragesätze. In: Sprache und Pragmatik, Arbeitsberichte 1, 21–25.
Olsen, Ralph; Hochstadt, Christiane & Colombo-Scheffold, Simona (2016) (Hrsg.): Ohne Punkt und Komma ... Beiträge zu Theorie, Empirie und Didaktik der Interpunktion. Berlin: Rabenstück.
Ossner, Jakob (1998): Fachdidaktik und Orthographie. Mit Bemerkungen zum Fragezeichen und Anmerkungen zur Rechtschreibreform. In: Giese, Heinz & Ossner, Jakob (Hrsg.): Sprache thematisieren. Fachdidaktische und unterrichtswissenschaftliche Aspekte. Freiburg/Br.: Fillibach, 79–104.

Parkes, Malcolm B. (1993): Pause and Effect. An Introduction to the History of Punctuation in the West. Berkeley, Los Angeles: University of California Press.

Plank, Frans (1986): Über den Personenwechsel und den anderer deiktischer Kategorien in der wiedergegebenen Rede. In: Zeitschrift für germanistische Linguistik 14, 284–308.

Primus, Beatrice (1993): Sprachnorm und Sprachregularität: Das Komma im Deutschen. In: Deutsche Sprache 3, 244–263.

Primus, Beatrice (1996): Syntaktische Determination statt rhetorischer Freiheit: das Komma im Deutschen und Rumänischen. Ersch. in: Ehlich, Konrad (Hrsg.): Interpunktionen.

Primus, Beatrice (1997): Satzbegriffe und Interpunktion. In: Augst, Gerhard et al. (Hrsg.): Zur Neuregelung der deutschen Orthographie. Begründung und Kritik. Tübingen: Niemeyer, 463–487.

Primus, Beatrice (2003): Zum Silbenbegriff in der Schrift-, Laut- und Gebärdensprache – Versuch einer mediumübergreifenden Fundierung. In: Zeitschrift für Sprachwissenschaft 22/1, 3–55.

Primus, Beatrice (2006): Buchstabenkomponenten und ihre Grammatik. In: Bredel, Ursula & Günther Hartmut (Hrsg.): Orthographietheorie und Rechtschreibunterricht. Tübingen: Niemeyer, 5–43.

Primus, Beatrice (2007): Die Buchstaben unseres Alphabets: Form – Entwicklung – Funktion. In: Boschung, Dietrich & Hellenkemper, Hansgerd (Hrsg.): Kosmos der Zeichen. Schriftbild und Bildformel in Antike und Mittelalter. Wiesbaden: Reichert, 45–65.

Primus, Beatrice (2008): Diese – etwas vernachlässigte – pränominale Herausstellung. Deutsche Sprache 2008/1, 3–26.

Primus, Beatrice (2019): Die Kommasetzung im Deutschen und Englischen. In: Der Deutschunterricht 4/2019, 35–44.

Primus, Beatrice (i. E.): Rechtschreibung aus grammatischer Perspektive. In: Mielke, Angela (Hrsg.) (i. E.): Normen, Nutzen, Nebensache – Zur Geschichte, Theorie und Praxis der deutschen Rechtschreibung. Frankfurt am M. et al.: Peter Lang. Online unter: http://www.uni-koeln.de/philfak/idsl/dozenten/primus/publikationen/Primus_Rechtschreibung_grammatische_Perspektive.pdf (letzter Zugriff 16. Oktober 2010).

Raible, Wolfgang (1991): Zur Entwicklung von Alphabetschrift-Systemen. *Is fecit cui prodest*. Heidelberg: C. Winter.

Reis, Marga (1990): Zur Grammatik und Pragmatik von Echo-w-Fragen. In: Sprache und Pragmatik, Arbeitsberichte 20, 1–72.

Rehbein, Jochen (1978): Ankündigen. In: Germanistische Linguistik 2–5, 349–387.

Rehbein, Jochen (1999): Zum Modus von Äußerungen. In: Redder, Angelika & Rehbein, Jochen (Hrsg.): Grammatik und mentale Prozesse. Tübingen: Stauffenburg, 91–139.

Reißig, Tilo (2015): Typographie und Grammatik. Untersuchung zum Verhältnis von Syntax und Raum. Tübingen: Stauffenburg.

Rinas, Karsten (2017): Theorie der Punkte und Striche. Die Geschichte der deutschen Interpunktionslehre. Heidelberg: Winter.

Rosebrock, Cornelia (2007): Anforderungen von Sach- und Informationstexten; Anforderungen literarischer Texte. In: Andrea Bertschi-Kaufmann (Hrsg.).

Lesekompetenz – Leseleistung – Leseförderung. Grundlagen, Modelle und Materialien. Seelze: Kallmeyer, 50–65.

Saenger, Paul (1997): Space between Words. The Origins of Silent Reading. Stanford, CA: Stanford University Press.

Schmidt, Claudia M. (1994): Die grammatische Basis der deutschen Orthographie: Kommasetzung bei Infinitiven mit *zu*. In: Linguistische Berichte 149, 27–55.

Schnotz, Wolfgang (1994): Aufbau von Wissensstrukturen. Untersuchungen zur mentalen Kohärenzbildung beim Wissenserwerb mit Texten. Weinheim: Beltz.

Schwarz, Monika (2008): Einführung in die kognitive Linguistik. Dritte, vollständig überarbeitete und erweiterte Auflage. Tübingen und Basel: Francke.

Searle, John R. (1969 (1983)): Sprechakte. Ein sprachphilosophischer Essay. Frankfurt/M.: Suhrkamp.

Sick, Bastian ([11]2004): Der Dativ ist dem Genitiv sein Tod. Ein Wegweiser durch den Irrgarten der deutschen Sprache. Köln: Kiepenheuer & Witsch.

Sick, Bastian ([2]2005): Der Dativ ist dem Genitiv sein Tod. Folge 2. Neues aus dem Irrgarten der deutschen Sprache. Köln: Kiepenheuer & Witsch.

Simmler, Franz (1994): Zur Geschichte der Interpunktion im Deutschen. Gebrauchsnormen zur Kennzeichnung von Fragen und Ausrufen. In: Desportes, Yvon (Hrsg.): Philologische Forschungen. Festschrift für Philippe Marcq. Heidelberg: C. Winter, 43–115.

Stetter, Christian (1991): Was ist eine orthographische Regel. In: OBST 44: Orthographiereform. Hg. von Jakob Ossner, 40–67.

Stetter, Christian (1999): Schrift und Sprache. Frankfurt/M.: Suhrkamp.

Sutter, Elisabeth & Lindauer, Thomas (2005): Könige, Königreiche und Kommaregeln. Praxis Deutsch 191, 28–35.

Weyers, Christian (1992): Zur Entwicklung der Anführungszeichen in gedruckten Texten. In: Zeitschrift für Semiotik 14/1–2, 17–28.

Wielenberg, Dorothee (i. E.): Über Interpunktion sprechen. Ersch. in: Peyer, Ann & Uhl, Benjamin (Hrsg.): Sprachreflexion – Handlungsfelder und Erwerbskontexte. Frankfurt a.M.: Peter Lang.

Wöllstein, Angelika (2010): Topologisches Satzmodell. Heidelberg: Winter.

Zifonun, Gisela et al. (1997): Grammatik der deutschen Sprache. 3 Bände. Berlin, New York: de Gruyter.

Zollinger, Max (1940): Sinn und Gebrauch der Interpunktion. Erlenbach-Zürich: Rentsch.

Glossar

areated writing: Schriftsysteme, die in der Epoche zwischen der scriptio continua und der scriptio discontinua mit dem Wortzwischenraum experimentieren.
Filler: Schriftzeichen, das einen segmentalen Raum besetzt.
flächiger Raum: Verkettung von linearen Räumen.
Graphetik: Teildisziplin der Schriftlinguistik, die sich mit formalen Eigenschaft von Schriftzeichen befasst.
Graphotaktik: Teildisziplin der Schriftlinguistik, die sich mit Abfolgeregularitäten von Schriftzeichen befasst.
Klitikon: Schriftzeichen, das sich an ein Stützzeichen anlehnt.
LEERE: Graphetisches Merkmal von Interpunktionszeichen. [+LEER] sind Zeichen ohne Grundlinienkontakt, [¬LEER] Zeichen mit Grundlinienkontakt.
linearer Raum: Verkettung von segmentalen Räumen.
Listenmodus: Tabellen-, Spaltenförmige Verschriftung.
Offline-Annahme: Sichtweise, derzufolge Interpunktionszeichen von der Konstruktion aus beschrieben werden müssen, die sie markieren.
Online-Annahme: Sichtweise, derzufolge Interpunktionszeichen von der Sprachverarbeitung aus beschrieben werden müssen, zu der sie den Leser instruieren.
Parsing: Teiltätigkeit bei der Sprachverarbeitung, die die Verknüpfung kleinerer zu größeren Einheiten beschreibt. Unterschieden werden lexikalisches Parsing (Verknüpfung von Buchstabenfolgen zu Wörtern), syntaktisches Parsing (Verknüpfung von Wortfolgen zu Phrasen/Sätzen) und textuelles Parsing (Verknüpfung von Satzfolgen Texten).
processing: Erfassen von Strukturen die mit schriftsprachlichen Mitteln kodiert sind.
REDUPLIKATION: Graphetisches Merk mal von Interpunktionszeichen. [+REDUP] sind Zeichen, bei denen ein Element mehrfach vorkommt, [¬REDUP] solche, bei denen dies nicht der Fall ist.
scanning: Erfassen von Strukturen, die durch An-/Abwesenheit von graphischem Material sichtbar gemacht werden. Als typische Scaneinheit gilt das Wort, das rechts und links mit einem Leerzeichen versehen ist.
Schreiber-/Leserrolle: Die Instanzen, von denen aus Äußerungen produziert und rezipiert wird. Unterschieden werden aktionale Rollen (Enkodieren/Dekodieren), interaktionale Rollen (primärer/sekundärer Sprecher/Hörer) und mentale Rollen (Wissen/Nicht-Wissen).
scriptio continua: Ununterbrochene Schrift; Schriftsysteme ohne Worttrenner sind bis ins 5. Jh. n. u. Z. üblich.
scriptio discontinua: Unterbrochene Schrift. Schriftsysteme mit Worttrenner sind ab dem 5. Jh. n. u. Z. belegt; sie setzen sich bis zum 11./12. Jh. vollständig durch.
segmentaler Raum: Platz auf der Schreibfläche, in den Filler eingetragen werden.
Textmodus: Fließtextverschriftung
VERTIKALITÄT: Graphetisches Merkmal von Interpunktionszeichen. [+VERT] sind Zeichen, die über die Mittellinie hinausweisen, [¬VERT] diejenigen, bei denen dies nicht der Fall ist.

Sachregister

aktionale Schreiber-/Leserrolle 29, 42, 47
Anführungszeichen 10f., 18, 22, 25, 29, 49, **57ff.**, 64f., siehe auch modalisierende Anführungszeichen, konventionelle Anführungszeichen
Ankündigung/Ankündigungszeichen 1f., 84, 87f.
Aphärese 40, 42
Apokope 40, 42
Apostroph 13, 15, 20f., 24, 29, 31, **40ff**. 46ff.
areated writing 11f.
Asyndese 73
Aufforderung 50, 53f.
Aufforderungssatz 49f., 55
Auslassungspunkte 4, 11, 13, 16ff., 21, 24, 31, **46ff.**, 79
Ausruf 50
Ausrufezeichen 10, 18, 25, 49ff., **54ff.**, 63, 65, 79
Aussage 53
Aussagesatz 1, 5f., 50
Äußerungsmodus 52f.
Authentifizierungsfunktion 44
Befehl 54
Befehlssatz 49f.
Bindegedankenstrich 44f.
Bindestrich 4, 9, 32, 34, **35ff.**, 41, 45
Buchstabe 7ff., 19ff., 24, 38f., 40ff., 46ff., 90
Buchstabenfolge 26f., 34, 36f., 41f.
Divis 9, 13, 20f., 24, 27, 31f., 34f., 37f., 44, 48, 80
Doppelpunkt 4, 17f., 25, 28, 66, 77, **84ff.**
Doppelpunktexpansion 84ff.
Doppelpunktkonstruktion 18, 84ff.
Doppelpunktstruktur 84, 87
Durchkopplungsbindestrich 35
echt koodinierend 74f.
epistemische Schreiber-/Leserrolle 29, 49, 56, 65
Ergänzungsgedankenstrich 44f.
Ergänzungsstrich 9, 32, 34, **37**, 45

etymologisches Wort 32f.
Filler 20ff., 30, 89
Finites Verb 69f., 87
flächiger Raum 19
Frage 29, 50ff.
Fragesatz 49f.
Fragezeichen 4, 10, 17f., 21, 25, 29, **49ff.**, 56, 63ff., 79
Ganzsatz 1, 5f., 50f., 78f.
Gedankenstrich 1f., 5, 7, 9f., 13, 16ff., 21, 24, 28, 31, **43ff.**, 48, 76f., 80, 87f., siehe auch Bindegedankenstrich, Ergänzungsgedankenstrich, Trenngedankenstrich
Graphetik/graphetisch 4, 10, 15ff., 19, 22f., 25, 30, 84, 89f.
Graphotaktik/graphotaktisch 4, 10, 19ff., 25, 30, 49, 58, 89f.
Graphotaktische Sonderbedingung 51, 79
Herausstellung 68, 76f., 86f., 89
Illokution 52ff.
Infinitheit 80
Infinitiv 3, 69ff.
inkohärente Struktur 70ff.
interaktionale Schreiber-/Leserrolle 29, 49, 65
Klammer 2, 5, 10f., 18, 22, 25, 49, **61ff.**, 76f.; siehe auch: Konstruktionsklammer, Kommentierungsklammer
Klitikon, Pl. Klitika 20ff., 30, 80, 84, 89
kohärente Struktur 70ff.
Komma 2ff., 9f., 13, 17ff., 21, 25, 28, 34, 66, **68ff.**, 80ff., 89, 91
Kommentierungsklammer 61ff.
Kommunikative Zeichen 11, 31, 49
Konstruktionsklammer 61, 64f.
konventionelle Anführungszeichen 57ff., 61, 64f.
Koordination 68, 73ff., 77, 81ff., 89
Leere 16, 18, 23, 25, 89
[+Leer] 16f., 20, 22f., 25, 89
[¬Leer] 16, 21ff., 25, 89
Leerzeichen 7ff., 11, 20, 26f., 34, 40, 66
lexikalisches Parsing 26f., 32f., 39

lexikalisches Wort 27, 32ff., 41
linearer Raum 19
Listenmodus 79f., 90
maximale Projektion 66, 81, 83
modalisierende Anführungszeichen, 57, 60f., 64, 65
Nachdruck 50f., 54f.
nicht echt koordinierend 74f.
Parenthese/Einschub 2, 5, 45, 76
Parsing 25ff., 32ff., 44f., 66, 78f., 81, 90, siehe auch lexikalisches Parsing, syntaktisches Parsing, textuelles Parsing
Partizip 3, 69f., 72
Periode 83
Processing/Prozesshilfe 24f., 30f., 90
Punkt 1, 4ff., 11, 13, 17ff., 25f., 50f., 54, 66, 68f., 77, **78f.**, 80f., 84f., 89
REDUPLIKATION 16f., 25, 30, 48, 89
[+REDUP] 17, 25, 48, 84
[¬REDUP] 17, 25, 48f.
Satz 5, 12, 25, 30, 44, 49f., 67ff., 76, 78
Satzart 50
Satzfolge 26
Satzgrenze 68f., 72, 76ff., 89
Satzmodus 52
Satzzeichen 1f., 18, 49, 84, 90
satzwertig 3, 51, 69, 71ff.
Scanning/Scanhilfe 24f., 30f., 90
Schrägstrich 4, 7, 9
Schreiber-/Leserrolle 25f., 28ff., 42, 47ff., 53f., 62, 65, 80, 90; siehe auch interaktionale Schreiber-/Leserrolle, epistemische Schreiber-/Leserrolle, aktionale Schreiber-/Leserrolle
scriptio continua 11ff.
scriptio discontinua 11f.
segmentaler Raum 19ff., 89
Semikolon 3, 5, 17f., 29, 70, 77, **81ff.**, 89
Sonderzeichen 7ff., 20f., 24
Strukturabgleich 67f., 73, 77f., 81, 83, 85
Strukturabgleichblockade 68, 77, 83, 85, 89
Strukturaufbau 28, 67f., 73, 78, 81, 82, 85

Strukturaufbaublockade 68, 77, 81, 83, 89
Subordination 66, 68, 73f., 76f.
Subordinationsblockade 68, 70, 73, 77f., 89
Syndese 73ff.
Synkope 40, 42
syntaktischer Arbeitsspeicher 37, 78f.
syntaktisches Parsing 26ff., 33ff., 44f., 66, 78, 81
syntaktisches Wort 27, 32ff., 40f.
syntaktisches Zeichen 6, 31, 66, 89
Textmodus 80
textuelles Parsing 26, 28, 78f., 81
Trenngedankenstrich 44f.
Trennstrich 9, 27, 32, 34, **38f.**, 43, 45
VERTIKALITÄT 16, 18, 22, 25, 30, 89
[+VERT] 16f., 48f.
[¬VERT] 16f., 48
Wortfolge 26ff., 78f.
Wortzeichen 4, 31, 48
Wortzwischenraum 12f., 24
wrap-up-Effekt 78
Wunsch 50, 54
Wunschsatz 49f.
Zeilenabschlussfunktion 44
Ziffer 7ff., 20f., 24